GUITARRA**NEOCLÁSSICA**
ESTRATÉGIAS**E**VELOCIDADE

Domine Palhetada Para Guitarra Shred e Toque no Estilo de Malmsteen

CHRIS**BROOKS**

FUNDAMENTAL**CHANGES**

Guitarra Neoclássica: Estratégias e Velocidade

Domine Palhetada Para Guitarra Shred e Toque no Estilo de Malmsteen

ISBN: 978-1-78933-134-9

Publicado por **www.fundamental-changes.com**

Tradução: Daniel Bosi

www.fundamental-changes.com

Para mais de 350 aulas gratuitas de guitarra com vídeos, acesse:

www.fundamental-changes.com

Contents

Introdução

O incrível e ardente estilo de guitarra do pioneiro neoclássico sueco Yngwie Malmsteen (nascido em 30 de junho de 1963) virou o mundo da guitarra de pernas para o ar no início dos anos 1980 com uma grande variedade de linhas estendidas de uma corda, padrões de escala posicionais e mutáveis, sequências intensas, *licks* pedal point e arpejos. A interpretação de Malmsteen entregou um híbrido de barroco/metal bombástico que guitarristas como Ritchie Blackmore, Uli Jon Roth e Randy Rhoads tinham iniciado antes dele, mas, sem dúvida, o amálgama nunca tinha sido entregue com esse tipo de fúria sem censura.

Quando o sueco de dedos ágeis se mudou para os Estados Unidos, no meio da cena do *hair metal* de Los Angeles, novos padrões foram estabelecidos quase da noite para o dia em relação ao estilo do hard rock, vocabulário técnico e fluidez de palhetada na era pós Van Halen. Os entusiastas da guitarra clamaram para entender o que estavam ouvindo e, durante algum tempo, assumiram que a força por trás da habilidade de alta velocidade de Malmsteen era o resultado do uso da palhetada alternada, da tradição de Al Di Meola ou John McLaughlin. Os primeiros livros e transcrições do método, às vezes, compunham uma mitologia crescente, com digitações incorretas e conselhos vagos, mas bem-intencionados, sobre como *começar devagar* para alcançar o sucesso, mas, para adolescentes no final dos anos 1980 e início dos anos 1990, havia um sentimento irritante de que algo estava errado.

A utilização de sequências de cordas únicas e ostinato por Malmsteen mostrou, claro, um comando fantástico e preciso da palhetada alternada, mas, para sequências de palhetada em várias cordas, parecia certamente que havia outras forças em ação. Aprendendo muitas das linhas de ouvido e usando métodos primitivos de desacelerar a música, tornou-se cada vez mais evidente para mim que os *licks* que soavam como se tivessem terminado em palhetadas para baixo na execução de Yngwie, terminavam em palhetadas para cima na minha execução. A agressão de suas sequências ascendentes, contrastada pelo fluxo suave das linhas descendentes, e a integração perfeita de arpejos tocados com palhetada *sweep* não se encaixavam de forma alguma na palhetada alternada. O que estava acontecendo?

Ao longo dos anos, foram feitas observações e descobertas enquanto eu progredia da desaceleração das gravações, passando do VHS quadro a quadro, com um punhado de fitas japonesas de 1990, para o vídeo digital e também na era do YouTube. Esta exploração revelou um sistema fascinante e aparentemente intuitivo para decodificar *todos os licks* de Yngwie. A princípio, havia a impressão de que era usada *uma técnica para isso, outra para aquilo*, mas o tempo revelou que Malmsteen conecta uma tapeçaria de ideias musicais com um conjunto de princípios que fornecem um método de execução que é tão original, consistente e magistral que raramente se contradiz. Ele oferece o que eu acredito ser uma terceira opção válida no debate sobre palhetada alternada versus econômica.

Os vários capítulos deste livro eliminam as suposições do sistema de palhetada de Malmsteen, dividindo-o em três partes que considero essenciais para o domínio: compreensão, desenvolvimento e aplicação. A primeira parte tem tudo a ver com compreender o porquê e como o estilo de Yng funciona. A Parte Dois aborda o desenvolvimento de habilidade para executar o sistema através de exercícios e rotinas práticas. A terceira parte é um pacote de *licks*, com usos práticos de todos os conceitos explicados, além de algumas expansões sobre eles.

Já se passaram 27 anos desde que comecei a dissecar esse estilo, e formular o método certo para este estudo foi um processo lento. Estabeleci vários paralelos entre a aprendizagem deste sistema e o estudo da ciência esportiva. Eu até consultei alguns terapeutas especialistas para obter a terminologia correta, então, por favor, dedique tempo para entender os termos usados. Obrigado àqueles a quem pedi ajuda linguística!

Para meu deleite, a série de vídeos de Troy Grady, *Cracking the Code*, reforçou muito do que eu teorizei e apliquei em meus próprios anos tocando o material de Yngwie. Grady também foi o pioneiro de fraseados bastante úteis para a mecânica de palhetada, alguns dos quais integrei aqui para estabelecer um nível de conformidade. Todos os agradecimentos para Troy, pelas suas excelentes descobertas e inovações no ensino de guitarra.

Estou muito feliz por ser mais uma vez *legal* falar sobre a técnica de Yngwie, e estou confiante que este livro oferece um método autêntico, verificável e utilizável para dominar os sistemas de velocidade da guitarra rock!

Como Ler Este Livro

Este livro foi concebido para lhe dar a compreensão, ferramentas de desenvolvimento e experiência do mundo real para executar não só a música nele contida mas também para lhe ajudar a determinar as melhores e mais autênticas formas de decifrar e executar os seus *licks* e solos favoritos de Yngwie Malmsteen, no estudo do vasto catálogo da guitarra rock neoclássica. Além disso, espero que você possa pegar os conceitos explicados aqui e usá-los em suas improvisações, independentemente dos gêneros que você toca.

Ao praticar qualquer coisa rapidamente, é imperativo que você permaneça relaxado, faça muitas pausas e ouça o seu corpo para decidir a hora de parar. Lembre-se que a tensão desnecessária é o inimigo da velocidade. Mantenha uma boa postura, aqueça-se o suficiente e evite usar qualquer mentalidade *no pain, no gain.* Os melhores ganhos são aqueles que você pode fazer tocando de forma limpa, fluida e precisa. Pense nisso mais como *Jujutsu* (do japonês *Ju*, que significa *flexível*, e *Jutsu* que significa *técnica*) do que levantamento de peso.

Use a Parte Um para melhorar sua compreensão, a Parte Dois para aprimorar sua técnica e estruturar um regime de prática, e a Parte Três para aplicar suas novas habilidades de palhetada a exemplos musicais práticos. Tome os *licks* apresentados, transponha-os para outros tons e lembre-se que uma ideia é apenas tão útil quanto as formas que você pode aplicá-la.

A minha filosofia é que a velocidade é o resultado da eficiência trabalhando com o máximo potencial. Leia essa frase outra vez. *A velocidade é o resultado da eficiência trabalhando com o máximo potencial.* Refiro-me tanto à eficiência neural como à física. Ao aumentar sua facilidade através de bons hábitos, repetições consistentes e execução focada, você está construindo e reforçando as habilidades motoras que fazem as passagens rápidas parecerem muito mais naturais a longo prazo.

O número de vezes que uma habilidade é executada corretamente aumenta as chances de ela ser executada corretamente de novo. Trabalhe sempre para manter a sua execução, em grande parte, limpa.

Invista o tempo que for necessário e aproveite o processo!

Chris Brooks

Obtenha o Áudio

Os arquivos de áudio deste livro estão disponíveis para download gratuito no site **www.fundamental-changes.com**. O link está no canto superior direito da página. Basta selecionar o título deste livro no menu e seguir as instruções para obter o áudio.

Recomendamos que você baixe os arquivos diretamente no seu computador, não no seu tablet, e extraia-os no computador antes de adicioná-los à sua biblioteca de mídia. Você pode então colocá-los no seu tablet, iPod ou gravá-los em um CD. Na página de download há um PDF de ajuda e nós também oferecemos suporte técnico pelo formulário de contato.

Obtenha o Vídeo

O download também inclui dois vídeos que demonstram Palhetada Rotacional e a Orientação da Palhetada Descendente, extraídos do curso em vídeo de Chris Brooks, *The Yng Way*.

Kindle / eReaders

Para obter o máximo deste livro, lembre-se que você pode dar dois toques em qualquer imagem para ampliá-la. Desative a visualização em coluna (vertical) e segure seu Kindle no modo paisagem.

Parte I: Um Sistema de Forças

Há um conselho que passo a todos que estudam comigo: *Trabalhe nos seus pontos fracos, mas sistematize os seus pontos fortes*. Ver ambos como passos essenciais, mas muito diferentes, é algo que eu acredito estar ligado ao sistema *The Yng Way* (o caminho, ou estilo, de Yng), discutido neste livro.

Trabalhar nas fraquezas é vital, porque, como guitarristas, é crucial não abandonar nossas ideias musicais por causa da incapacidade de executá-las. Estamos motivados a ultrapassar as barreiras porque o pensamento de conseguir tocar a música que gostamos é uma motivação constante.

Sistematizar os seus pontos fortes é um conceito que vai ainda mais longe. Agora que você é proficiente em um elemento, como você pode explorar essa habilidade ou dispositivo musical e multiplicá-lo em mil *licks*? Muitas vezes, os conceitos mais poderosos que você pode trabalhar na prática são aqueles que resolvem a maioria dos problemas ou se adaptam à maioria das aplicações dentro do seu estilo.

Acredito que o estilo de Yng é um sistema de pontos fortes, não só no que diz respeito ao estilo de Malmsteen, mas também na forma como pode fornecer soluções para os *seus* desafios. Aproveite a oportunidade para se apropriar dessas estratégias. Adaptei muitas coisas do meu estilo de tocar a este sistema, para contornar elementos que eu não gostava em outros sistemas e acabei gostando dos resultados sonoros!

Ao trabalhar com os vários princípios, tais como a mecânica da palhetada, estratégias de subida, descida e "notas pares", tenha em mente que tudo isso faz parte de uma brilhante tapeçaria conceitual. Os desafios que você encontrará em várias linhas de estudo podem parecer isolados no início, mas, conforme você aumenta seu escopo, você verá como as partes se unem, e como ficar melhor em cada elemento é, de fato, ficar melhor no sistema como um manifesto completo para a execução.

Capítulo Um: Biomecânica

Divido os preceitos mecânicos do estilo de Yng em *princípios descansados* e *princípios ativos*. Os *princípios descansados* consistem em colocar seu corpo na melhor posição inicial para executar o material, e os *princípios ativos* são os movimentos e estratégias de execução utilizados para criar linhas com palhetadas rápidas e fluentes no estilo de Malmsteen. Esses princípios não são restrições, mas uma lista que quebra as barreiras de qualquer um que tenha lutado com o material de Yngwie ou esteja tentando pela primeira vez.

Nos *princípios descansados*, temos:

1. *Pegada da palheta*

2. *Deslocamento da borda da palheta*

3. *Orientação da palhetada (incluindo a inclinação da palhetada)*

4. *Ancoragem da mão que segura a palheta*

Nos *princípios ativos*, temos a mecânica do movimento e estratégias de palhetada. Estes incluem:

1. *Movimento rotacional de palhetada e mecânicas auxiliares*

2. *Estratégia de corda única*

3. *Estratégia em* múltiplas cordas *de* números pares

4. *Estratégia ascendente de números ímpares*

5. *Estratégia descendente de números ímpares*

Princípio Descansado 1: A Pegada da Palheta

A pegada de palheta de Yngwie cai em uma categoria que eu chamo de *Pegada em D*, porque o polegar repousa no lado do dedo indicador, parecendo uma letra D maiúscula. Esta é de longe a pegada de palheta mais comum, então há uma boa chance de você já estar fazendo isso. As Figuras 1a e 1b ilustram essa aderência com e sem palheta.

Nem o dedo indicador nem o polegar se sobressaem um do outro mais que alguns milímetros. A palheta é uma extensão do ponto onde os dedos se juntam. Yngwie usa uma palheta Jim Dunlop Delrin 500 de 1.5mm. Eu recomendo usar uma palheta que não dobre, já que muita flexibilidade pode aumentar drasticamente o tempo que cada palhetada leva para deixar a corda.

A palheta não é segurada por nenhum dos outros dedos, porque isso pode prejudicar a flexibilidade, orientação da palheta e ancoragem que são importantes para esta abordagem. A tensão do polegar deve ser neutra, sem uma forma de polegar convexa ou côncava extrema, uma vez que ambas podem causar fadiga por excesso de tensão. Comece com a mínima pressão necessária e veja se é necessário ajustá-la a partir daí.

Figura 1a:

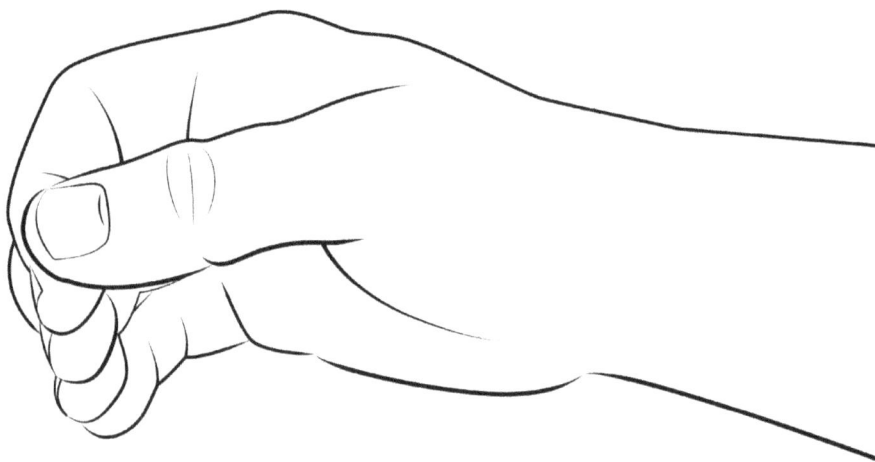

Figura 1b:

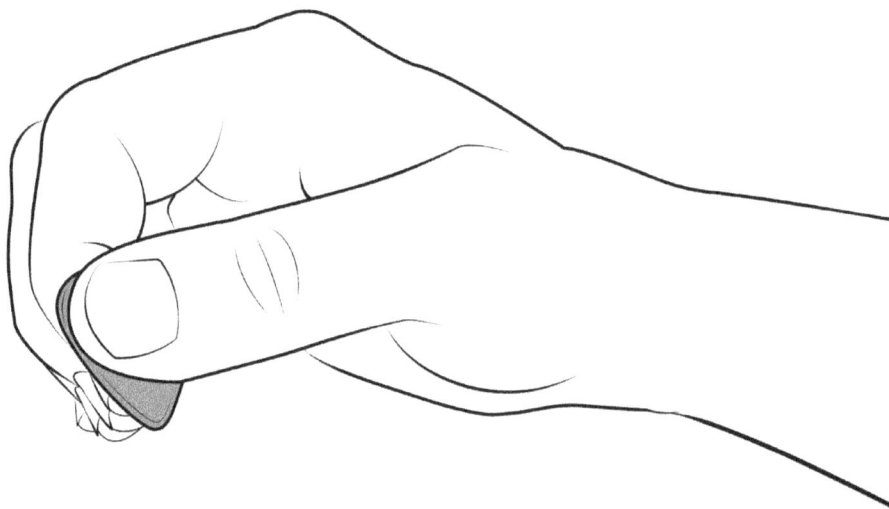

Princípio Descansado 2: Deslocamento da Borda da Palheta

O *deslocamento da borda da palheta* é um meio de reduzir o atrito usando a borda da palheta para atacar as cordas em vez da área de superfície plana. O *deslocamento da borda* é diferente da *orientação da palhetada* porque acontece em um eixo diferente.

Quando uma palheta atinge a corda sem o deslocamento da borda, ela cria o máximo contato e fricção entre a palheta e a corda. Está *no eixo*, como mostrado na Figura 1c. Fazer isso pode ser prático para volume, mas menos eficiente para a velocidade.

Figura 1c:

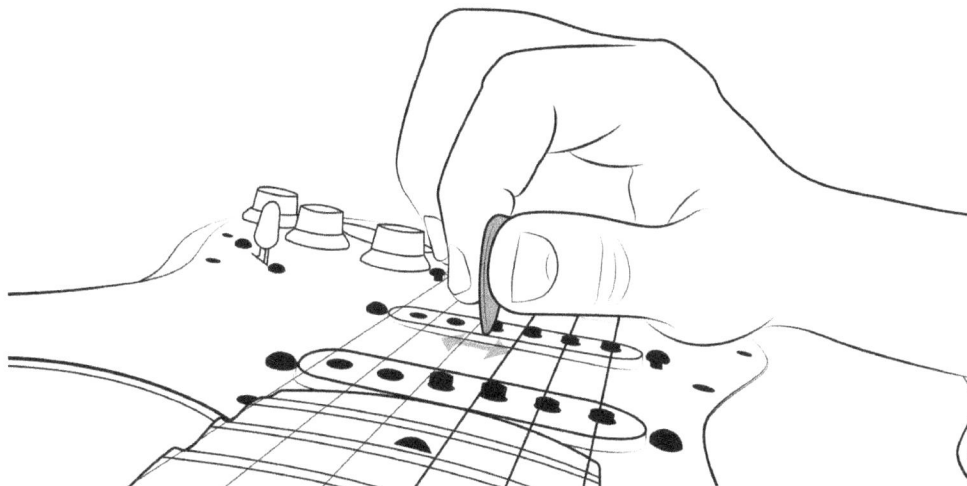

Para reduzir a fricção girando *o eixo* em relação à corda, mantenha a palheta apontada para o corpo da guitarra, depois gire-a *no sentido horário* ou *anti-horário* até encontrar o seu ponto preferido. Desviar muito implicará menos volume e definição. Para os guitarristas destros, girar a palheta no sentido horário, a partir do ponto neutro, significa que a *borda exterior* da palheta irá atingir a corda primeiro em um movimento descendente, e girar no sentido anti-horário a partir da posição neutra significa que a *borda interna* da palheta irá atingir a corda primeiro. Os guitarristas canhotos precisam de fazer o contrário.

Yngwie toca com a borda externa da palheta em palhetadas para baixo, ou seja, um deslocamento no sentido horário, enquanto George Benson é um exemplo de um guitarrista que usa um deslocamento anti-horário, então a borda interna da palheta é o que conduz. O deslocamento da borda externa ou interna, para a maioria das pessoas, é criado pela posição do pulso e por um ajuste fino do polegar.

Figura 1d: Deslocamento da borda da palheta no sentido horário:

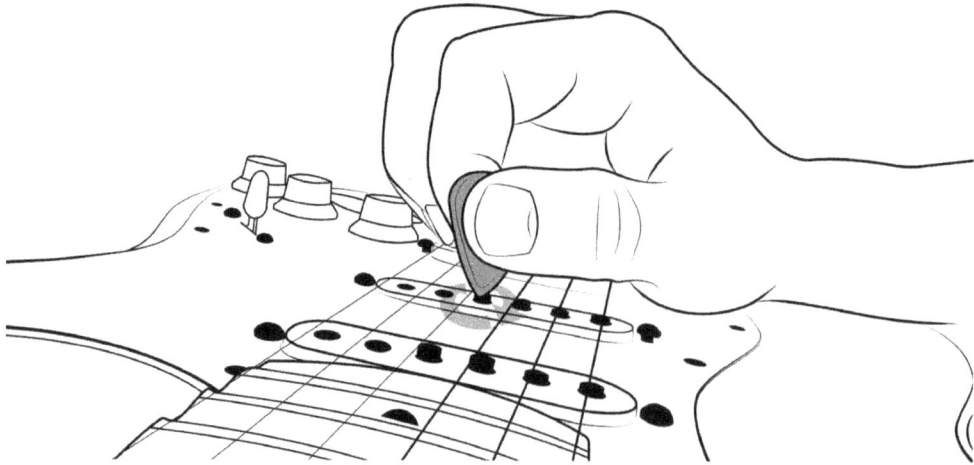

Figura 1e: Deslocamento da palheta no sentido anti-horário:

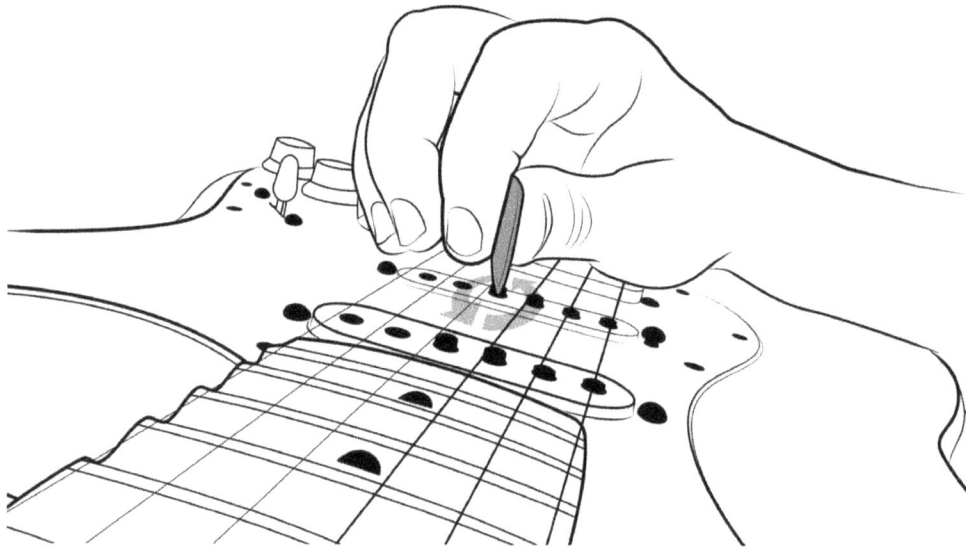

Para ter uma ideia da diferença entre os posicionamentos de palheta no eixo e com esse deslocamento, faça um exercício de palhetada tremolo (palhetada alternada rápida) como o Exemplo 1a, mantendo a palheta no eixo, sem deslocamento no início. Tome nota de como se sente ao trabalhar até atingir a sua velocidade máxima limpa. Dependendo da forma e do material da sua palheta, isso pode ser difícil se a palheta engatar na corda a cada palhetada.

Exemplo 1a:

Para adotar a abordagem de Yngwie, um deslocamento no sentido horário de apenas 20 a 30 graus deve ser suficiente para minimizar o atrito e manter a clareza da nota. Repita o teste de velocidade no Exemplo 1a e compare os resultados. Se o deslocamento da borda da palheta não tiver sido a sua abordagem padrão, invista algum tempo para se acostumar através do hábito, repetição e combinação com os outros princípios deste livro. Tome uma decisão informada sobre quanto deslocamento aplicar.

Princípio Descansado 3: Orientação da Palhetada Descendente (OPD)

Os caminhos da palhetada de Yngwie não ocorrem em paralelo ao corpo da guitarra, então o estudo da orientação da palhetada é crítico em seu efeito sobre sua posição inicial, e sobre as estratégias de mudança de corda nos princípios ativos. Nesta seção, é essencial adquirir uma visão geral da orientação da palhetada e da *inclinação da palheta* para que você possa relacionar esse conhecimento com os capítulos seguintes. Se esses conceitos são novos para você, eles podem, de fato, ter uma aplicação ampla no seu estilo de palhetada.

O problema do movimento de palhetada paralela

Quando uma palheta sobe e desce em qualquer um dos lados de uma corda, em movimento paralelo ao corpo da guitarra, ela permanece a uma distância constante da guitarra enquanto você a empurra para frente e para trás através de uma corda. Ambas as cordas adjacentes à que está sendo tocada formam uma espécie de limite para a amplitude do movimento da palheta. Isoladamente, essas condições não criam problemas imediatos, especialmente com o deslocamento da borda da palheta.

O problema com o movimento de palhetada paralela é que, ao *mudar* de corda, há uma boa chance de a palheta ficar presa no *lado errado da corda,* ou seja, inacessível para a corda que você deseja tocar em seguida.

Para ver isso acontecendo, toque duas notas lentamente na corda B, para baixo e para cima, com um movimento de palhetada completamente paralelo. No final da palhetada ascendente, a palheta agora reside entre a corda B e a corda G, o que cria um problema que afeta qualquer direção que você vá a partir daqui. Se o objetivo era tocar duas notas na corda G a seguir, para baixo e para cima, a palheta está agora no lado errado da corda G, forçando um estranho salto em semicírculo para cima sobre a corda G para ficar na posição (Figura 1f).

Se o objetivo era antes tocar duas notas na corda E aguda, a corda B está no caminho, exigindo um salto em semicírculo descendente (Figura 1g).

Figura 1f:

Figura 1g:

Um exemplo como o seguinte poderia, portanto, tornar-se uma bagunça em alta velocidade à medida que o caminho da palhetada alterna entre linhas paralelas e arcos em semicírculo.

Exemplo 1b:

Substituindo círculos por linhas

Usar uma inclinação de palhetada é outra forma de resolver problemas usando ângulos. No Princípio Dois, a questão da fricção e, portanto, da latência em um eixo foi resolvida pelo deslocamento da borda da palheta. Neste princípio, o objetivo é ajudar a mudança da corda em outro eixo, reorientando a palheta em relação à guitarra e seguindo linhas oblíquas de movimento. Para começar, vamos reposicionar a palheta.

Tratar a corda como um *eixo horizontal* e a ponta da palheta como o *ponto zero*, movendo a extremidade traseira da palheta para baixo, faz com que o eixo vertical resulte em uma *inclinação descendente da palheta*. Fazendo o inverso, ou seja, inclinando a palheta *para cima* do eixo vertical, resulta em uma *inclinação da palheta para cima*.

Figura 1h:

Eixo horizontal

Sem inclinação

Eixo vertical

Inclinação da palheta para baixo

Inclinação da palheta para cima

Consequentemente, a palhetada se move em duas vias inclinadas, dependendo da inclinação aplicada à palheta. Em uma inclinação para baixo (Figura 1i), os movimentos para baixo empurram a corda em direção à guitarra e os movimentos para cima puxam para longe. Em uma inclinação para cima (Figura 1j), ocorre o contrário.

Figura 1i:

Figura 1j:

Ao remover a natureza equidistante do caminho da palhetada em linha com o corpo da guitarra, a palheta terá uma amplitude de movimento desobstruída, livre dos obstáculos descritos no problema anterior de movimento paralelo.

Reexaminando o Exemplo 1b com este conhecimento, revela-se que o problema da mudança de corda nessa situação pode ser superado com uma inclinação descendente da palheta. Os movimentos ascendentes agora se afastam da guitarra, e os movimentos descendentes empurram a corda em direção à guitarra.

A Figura 1k ilustra uma palhetada ascendente na corda B seguida de uma palhetada descendente na corda G, enquanto que a Figura 1l mostra uma mudança para a corda E, conforme as duas últimas batidas do Exemplo 1b.

Figura 1k:

Figura 1l:

No Exemplo 1c, os caminhos com inclinação permitem a mudança de corda sem problemas.

Exemplo 1c:

Se os dois últimos exemplos tivessem as palhetadas inversas, para cima e para baixo em cada corda, uma inclinação para baixo criaria o mesmo problema que o salto em semicírculo. A solução nesse cenário é, em vez disso, tocar com uma inclinação para cima. Escolher a inclinação correta para cada aplicação é importante.

Inclinação Alternada da Palheta (não faz parte do estilo de Yng)

Em situações onde você se encontra deixando as cordas com ambas as palhetadas, para cima e para baixo, ao longo de um *lick*, por causa de números ímpares de palhetadas por corda, a capacidade de alternar entre as inclinações de palheta é uma ferramenta altamente útil para evitar ficar preso. Tal abordagem é uma característica inerente a muitos dos melhores guitarristas que usam palhetada alternada, e pode ser considerada uma *inclinação* alternada ou *bidirecional*. O objetivo é deixar cada corda com a inclinação da palheta que evita que a palheta fique presa no lado errado de cada nova corda em uma execução de frase ou escala.

O ExemploOExemplo 1d indica onde inclinações para baixo (\ p.s) e para cima (/ p.s.) podem alternar para criar um caminho claro de palhetada. Como você pode ver, uma mudança na inclinação da palheta ocorre uma nota antes que uma mudança de corda ocorra.

Exemplo 1d:

Como você cria uma inclinação da palheta com a mão?

Em ambos os casos, a inclinação da palheta descansada é gerada pela rotação dos músculos do antebraço, resultando na rotação da mão para fora ou para dentro. Você pode obter uma inclinação para baixo usando uma rotação para fora (supinação) do antebraço a partir da posição neutra, e uma inclinação para cima usando uma rotação para dentro (pronação) do antebraço a partir da posição neutra.

Figura 1m:

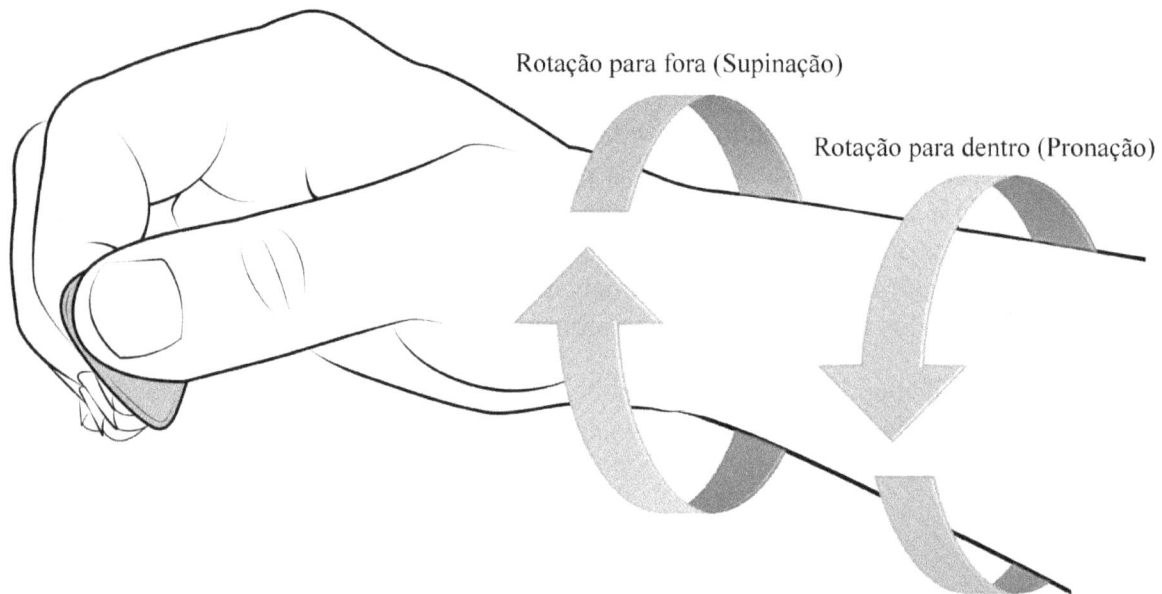

Uma maneira de identificar uma inclinação para baixo ou para cima na sua execução ou na execução de outra pessoa é tomar nota dos dedos, em relação à guitarra. Com os dedos enrolados para cima e as pontas dos dedos em linha como muitos guitarristas fazem, um guitarrista usando uma inclinação descendente irá rodar o polegar mais afastado do corpo da guitarra, e um guitarrista usando uma inclinação ascendente irá rodar o quarto dedo mais afastado do corpo da guitarra com o polegar ficando o mais próximo.

Diferenciação entre inclinação da palheta e orientação da palhetada

Muitos guitarristas desenvolveram naturalmente uma posição de repouso "viciada", inclinada para cima ou para baixo, o que significa que o antebraço está em *supinação descansada* ou *pronação descansada* mesmo antes da ocorrência de uma única palhetada. Este ponto de partida preferido é o que eu descrevo como orientação da palheta, onde a inclinação da palheta dominante torna-se a nova posição neutra a partir da qual as palhetadas para cima e para baixo ocorrem. Esse é o caso da posição padrão da palheta de Malmsteen, que exibe uma *orientação de palhetada descendente* (OPD).

A orientação da palhetada e a inclinação da palheta podem se sobrepor, mas não precisam ser mutuamente excludentes. Muitos guitarristas podem preferir uma forma de orientação, mas ainda assim serem capazes de alternar a inclinação da palheta quando a sua orientação natural não fornece o caminho certo para a mudança de corda. Por exemplo, tanto Vinnie Moore como Andy James têm a *orientação de palhetada ascendente* (OPA), mas são mestres em palhetada alternada com inclinação variável onde quer que seja necessário. James até prefere começar muitos padrões com uma palhetada para cima para apoiar a sua OPA, mas ainda assim, exibe um estilo de palhetada feroz e sem inibição, mudando a inclinação da palheta quando necessário. Como comparação, Paul Gilbert tem uma OPD visível, mas demonstra um uso de inclinação de palhetada alternada em sequências de escala onde a inclinação descendente da palheta sozinha pode criar uma armadilha.

Os guitarristas que mantêm uma única orientação de palhetada e inclinação de palheta do início ao fim, muitas vezes, projetam suas estratégias de mudança de corda com base nessa preferência. No gênero do *Gypsy Jazz*, por exemplo, esse *vício de supinação* é quase uma regra e não uma exceção. Yngwie também se enquadra nessa categoria assimétrica, com um estilo de palhetada que resulta em estratégias não convencionais de mudança de corda, layout de escala e escolhas melódicas feitas dependendo se as linhas são ascendentes ou descendentes, conforme discutido mais adiante na seção de princípios ativos.

Princípio Descansado 4: Ancoragem

A ancoragem da mão que segura a palheta é um preceito que resulta em efeitos funcionais e auriculares dignos de menção. Um dos três pontos de contato com a guitarra (os outros são o ponto de apoio do antebraço e o escudo), a mão que segura a palheta de Yngwie é uma ferramenta multifuncional e furtiva para estabilidade, controle de cordas e abafamento.

Colocada perto o suficiente da borda dos *saddles* da ponte para permitir que as notas soem ou sejam abafadas, a mão que segura a palheta ganha estabilidade e consistência a partir de uma posição ancorada, pode controlar ruídos indesejados de cordas não utilizadas e dita o quão abertas ou fechadas as palhetadas soam com graus de *silenciamento*. Yngwie é capaz de uma gama de movimentos rápidos e eficientes com essa mão, que vão desde a simplicidade de abafar cordas não utilizadas até a precisão de aplicar vários graus de abafamento às cordas em jogo para aumentar o efeito percussivo, e elevação e o abafamento ocasionais para riffs e passagens mais pesadas.

Desenvolver uma gama de efeitos com a mão direita é uma questão de encontrar uma posição de repouso confortável e funcional, depois experimentar vários graus de abafamento e controle de cordas. Os movimentos para tentar a partir da posição ancorada incluem flexão e extensão sutis do pulso para abafar e liberar o abafamento, e combinações de desvio do pulso e supinação do antebraço para fazer o abafamento em diferentes grupos de cordas, conforme necessário.

O quarto dedo de Yngwie está frequentemente perto ou ao redor do botão do volume em uma Stratocaster, especialmente ao tocar as cordas agudas, então sinta-se livre para usar essa referência. Os outros dedos encontram frequentemente o escudo, mas não numa abordagem com os dedos plantados como a de Michael Angelo Batio.

Para chegar à posição aproximada, coloque o lado da mão que segura a palheta sobre as cordas como mostrado na Figura 1n.

Figura 1n:

Ao enrolar um pouco os dedos, gire o antebraço para dentro e gire a palheta em direção às cordas. Mais do interior da mão entrará, naturalmente, como parte da posição ancorada. Ao combinar a ancoragem com o deslocamento da borda da palheta e OPD, você deve chegar em uma pose de repouso como a da Figura 1o.

Figura 1o:

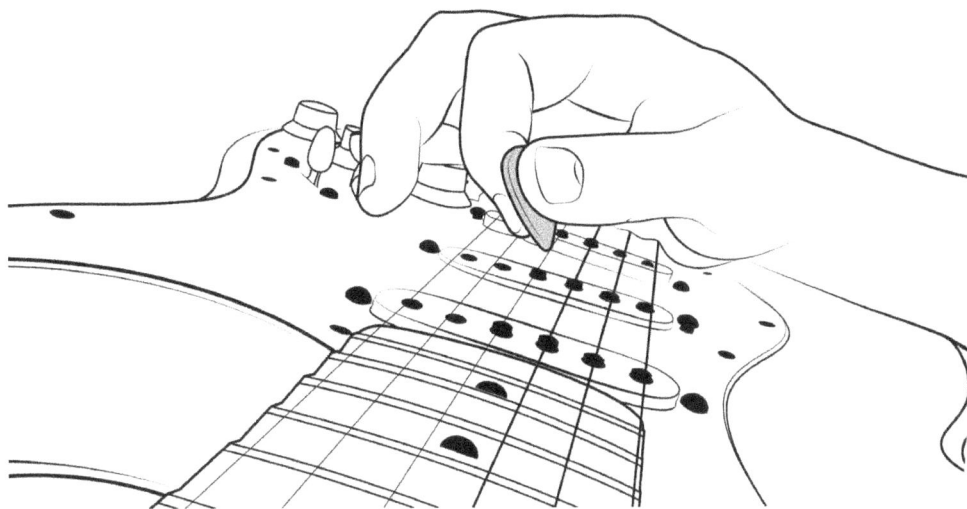

Em todos os momentos, mantenha a mão da palheta relaxada e sem muita pressão descendente, já que você não deseja tocar fora do tom, colocando estresse indevido na ponte. Uma ótima ancoragem é resultado da posição da sua mão, em vez de peso.

Note que, no caso da palhetada tremolo, Yngwie afasta da ponte a mão que segura a palheta e aplica a flexão do pulso, resultando em uma articulação de pulso saliente mais parecida com a posição usada no estilo *Gypsy Jazz*.

Princípio Ativo Um: Rotação do Antebraço e Mecânica Auxiliar

Nossos membros superiores são capazes de alguns movimentos que permitem e influenciam a mecânica do movimento de tocar guitarra. Algumas ações podem ser atribuídas a uma parte das mãos ou braços, e outras a uma composição de movimentos. O grau em que estes movimentos são executados pode variar muito de guitarrista para guitarrista. Para um guitarrista, um movimento pode ser uma estratégia central, e para outro guitarrista, o mesmo movimento pode ser contornado inteiramente.

O ponto de discussão neste princípio é como replicar um dispositivo mecânico característico do sistema de velocidade de Malmsteen. A mecânica dominante na abordagem de Yngwie é a *rotação do antebraço*, que é composta por dois elementos: *supinação ativa* (virar a palma para fora) e *pronação ativa* (virar a palma para dentro).

Isso não quer dizer que outras mecânicas não funcionem para a palhetada com velocidade em geral. Eu poderia listar vários guitarristas incríveis que usam diferentes movimentos singulares ou compostos para criar linhas de palhetada de alta velocidade a partir de mecânicas como a seguinte:

- *Movimento de cotovelo: flexão e extensão*

- *Pulso horizontal: radial (movimento lateral para dentro) e ulnar (movimento lateral para fora)*

- *Pulso vertical: extensão (movimento ascendente) e flexão (movimento descendente)*

- *Movimento do polegar e do dedo indicador: flexão e extensão (fechamento e abertura das juntas interfalângicas e interfalângicas proximais, respectivamente)*

É provável que todos nós usemos pelo menos alguns desses movimentos em nossa execução na guitarra, mas, para o estilo de Yng, vamos nos concentrar no movimento rotacional.

Como descrito anteriormente, a rotação do antebraço é a combinação de dois movimentos, conhecidos pelos fisioterapeutas como supinação ativa e pronação ativa. Ambos são mecanismos generalizados entre os guitarristas que palhetam com velocidade, mas, no caso de Yngwie, tenha em mente que o antebraço já está *passivamente* supinado na sua posição de repouso, tal como descrito no Princípio Três. Isso significa que há uma supinação adicional para fora da posição inicial em palhetadas ascendentes, e pronação de volta para dentro até o ponto de origem supinado em palhetadas descendentes.

A rotação raramente, ou nunca, faz uma pronação a ponto de a palheta ficar em uma inclinação ascendente, então é uma questão de usar diferentes graus de supinação a partir do ângulo que a OPD já estabeleceu. A Figura 1p ilustra uma palhetada descendente que faz pronação através de uma corda G (esquerda) e uma palhetada ascendente que faz uma supinação se afastando da corda G (direita), pronto para a palhetada descendente seguinte.

Figura 1p - Pronação (palhetada para baixo), Supinação (palhetada para cima):

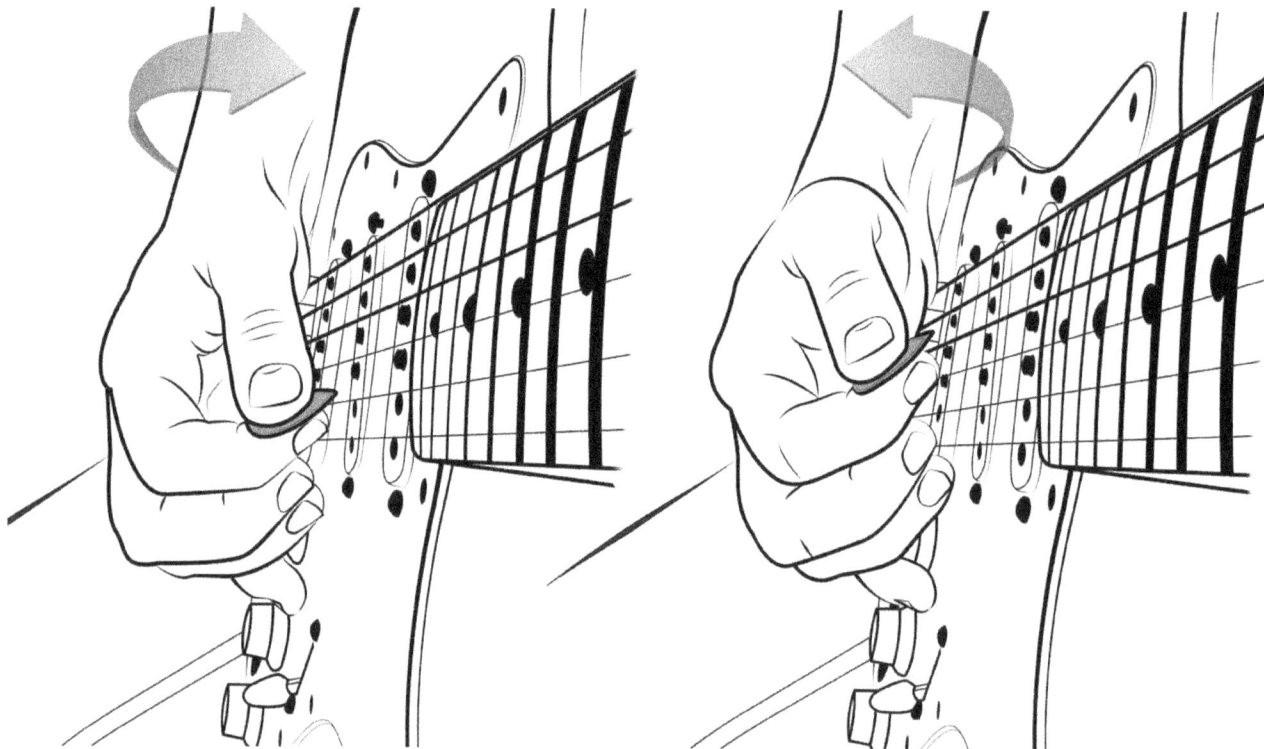

Para experimentar a supinação e pronação em sua técnica, comece em uma corda com uma única nota para que você possa direcionar a atenção para a mão que segura a palheta. O Exemplo 1e fornece um exemplo que alterna entre colcheias e semicolcheias. É importante manter a sua técnica consistente em ambos.

Exemplo 1e:

Se a sua rotação e orientação de palhetada descendente estão no lugar, você deve ser capaz de executar as mudanças de corda no Exemplo 1f sem ficar com a palheta presa no lado errado de qualquer corda. Com a maior distância entre a corda E e a corda G, é natural usar um pouco mais de rotação supinada para cobrir o intervalo. Apenas certifique-se de que você não está alternando técnicas ou usando qualquer inclinação de palheta para cima neste exemplo.

Exemplo 1f:

Solução de problemas com palhetadas de descanso

Se você estiver adivinhando os caminhos de palhetada que você está criando, outra maneira de alinhar suas palhetadas e verificar novamente seus ângulos é praticar com uma *palhetada de descanso*. As palhetadas de descanso são mais comumente associadas à palhetada *sweep* e às estratégias ascendentes deste livro, mas também podem ser empregadas para solucionar problemas no caminho das suas palhetadas.

Uma palhetada de descanso desenvolve-se quando a palheta deixa uma corda e simultaneamente chega silenciosamente à próxima corda em antecipação da nota seguinte. A palhetada de descanso não fará qualquer ruído, porque é apenas o ponto em que a palheta parou.

Voltando ao Exemplo 1e, com a palhetada de descanso em mente, palhete para baixo a primeira nota da corda B com a OPD e deixe a palhetada parar na corda E aguda, que atuará como um *trilho guia* para garantir que você não está movimentando a palheta para cima e para baixo com o pulso. Em seguida, toque a segunda nota da corda B com uma palhetada para cima, mantendo o mesmo caminho inclinado. Você deve ser capaz de palhetar para cima o quanto quiser sem acertar a corda G. Continue a usar a palhetada de descanso por todo o exercício, para tornar habitual a orientação de palhetada para baixo.

Você pode então tentar a mesma abordagem revisando o Exemplo 1f, descansando a palheta na corda E depois de palhetar para baixo na corda B, e descansar na corda B depois de palhetadas para baixo na corda G.

Você pode exagerar os movimentos a princípio, o que é um método inteiramente aceitável para se familiarizar com a técnica. No estilo de Yngwie, a rotação é quase oculta em sua velocidade e amplitude de movimento, particularmente quando combinada com a ancoragem da mão que segura a palheta. Este nível furtivo de refinamento virá com o tempo, à medida que você se tornar cada vez mais fluente e econômico.

Rotação ancorada versus rotação não ancorada

O movimento de rotação é possível nas duas posições, ancorada e não ancorada, pelos dois ossos que vão desde a articulação do punho até a articulação do cotovelo. O *rádio*, localizado lateralmente no antebraço do mesmo lado do polegar, e a *ulna*, localizada medialmente no lado oposto, são responsáveis pela rotação da articulação do punho em pronação e supinação.

O movimento de rotação sem ancoragem deve ser razoavelmente aparente para o olho quando a parte de trás da mão vira de um lado ao outro igualmente entre as trocas de pronação e supinação. Na posição ancorada, as coisas vão parecer um pouco diferentes. O rádio ainda pode cumprir a sua finalidade de rotação, mas, com metade da mão agora plantada na guitarra, o polegar e o dedo indicador parecerão empurrar na direção e se afastarem dos dedos estacionários da ancoragem.

É importante não atribuir o que você vê na palhetada ancorada de Yngwie a um movimento *independente de polegar e dedão*, que se originaria apenas através da flexão e extensão das articulações dos dedos. Focar a atenção cerca de 4 a 5 polegadas acima da articulação do pulso do braço que segura a palheta de Yngwie revela que a rotação do antebraço ainda está ocorrendo, mas com menos pistas visuais dadas pelos dedos estacionários da mão que segura a palheta.

Efeitos auxiliares da rotação ancorada

A *mecânica auxiliar* é o nome que dei aos movimentos que trabalham em conjunto ou resultam da mecânica primária de rotação do antebraço. Eles são, provavelmente, movimentos resultantes na sua forma de tocar do que aspectos que requerem uma parte significativa do seu processo de pensamento.

O movimento do polegar e do dedo indicador que ocorre na forma de Yngwie tocar é talvez melhor pensado como um *ajuste fino*. Quando algum movimento é alterado no processo de palhetada ancorada, tanto o polegar como o dedo indicador adicionam uma amplitude extra de movimento que eu suspeito ser altamente intuitiva e não conceitualizada. Esse processo de ajuste fino também ocorre na compensação da borda da palheta, onde mais volume ou ataque agressivo é necessário, revertendo para *sweeps* e linhas fluidas. Para esse fim, mesmo pequenos traços de flexão e extensão do pulso podem ter sido observados para certas frases onde bastante ataque em passagens mais lentas é necessário. Curiosamente, a forma de Malmsteen tocar Blues apresenta muito mais exemplos desses mecanismos auxiliares do que passagens consistentes mais rápidas.

Se você escolheu adotar a mecânica de rotação do antebraço que domina a palhetada com velocidade de Yngwie, use os exercícios de desenvolvimento deste livro para aprimorar essa técnica antes de tudo, e observe qualquer mecânica auxiliar que ocorra na sua forma de tocar, avaliando sua utilidade e mantendo ou corrigindo-as conforme necessário. Por mais vaidoso que possa parecer, a prática feita na frente de um espelho pode ser benéfica para a autoavaliação!

Assista ao vídeo!

Para obter uma visão ampla do movimento rotacional e da orientação descendente da palhetada em várias velocidades, veja o exemplo de vídeo incluso no nosso download deste livro, que é do meu curso em vídeo *The Yng Way*. Os detalhes estão na seção "Get the Audio".

Princípio ativo dois: Palhetada Alternada em Uma Corda

Nos anos 1960 e 1970, uma maneira que um guitarrista de rock poderia acrescentar alguma emoção aos seus solos era pegar frases curtas e repeti-las várias vezes, sem dúvida um aceno para o blues que influenciou muitos roqueiros da época. Muitas vezes, estas frases eram feitas em padrões "fechados" como a escala Pentatônica, então era comum ouvir repetições de três e quatro notas como a do Exemplo 1g nos solos de guitarristas de rock influentes como Eric Clapton e Jimmy Page.

Exemplo 1g

Quando Edward Van Halen surgiu no final dos anos 70, as coisas certamente se abriram em um nível técnico quando uma nova onda de histeria da guitarra começou, mas os solos de Van Halen ainda continham um monte de *licks* baseados em repetições formadas em torno do *tapping* com duas mãos (Exemplo 1h) e palhetada tremolo (Exemplo 1i).

Exemplo 1h:

Exemplo 1i:

Inspirado tanto pela peça do violinista italiano Niccolo Paganini (1782-1840) *24 Caprices* como por *Fireball* do Deep Purple, o jovem Malmsteen decidiu contornar os clichês do rock da época desenvolvendo uma abordagem mais linear aos *licks* velozes e sequenciamento tonal que se tornaria apenas um dos truques do seu repertório. Esse método envolve primeiro conhecer as escalas maiores e menores para cima e para baixo de cordas únicas. O Exemplo 1j contém uma escala de A menor em uma oitava na corda E aguda.

Exemplo 1j:

Yngwie aplica uma variedade de sequências e mudanças de posição em escalas de uma corda para imitar o seu herói italiano, assim como recorda as melodias pedal point invertidas (superiores) de outra influência significativa, Johann Sebastian Bach (1685–1750). O repertório de Malmsteen em uma corda só utiliza tipicamente motivos que consistem em três notas diatônicas em cada posição, antes de se deslocar para cima ou para baixo com palhetada alternada.

Uma sequência tonal acontece quando um motivo é repetido num tom mais alto ou mais baixo, onde as repetições subsequentes são transposições diatônicas da ideia original, como o Exemplo 1k, que é composto por quatro notas descendentes de cada grau da escala de A menor.

Exemplo 1k:

Pedal point invertido é um dispositivo no qual a nota mais aguda da frase se repete entre notas de uma linha em movimento. Este exemplo no estilo de Bach em A menor é um *lick* característico do repertório de Malmsteen.

Exemplo 1l:

Yngwie combina elementos pedal point e sequências ao longo de uma corda como mostrado no Exemplo 1m, que emula algo que a mão direita de um cravista pode tocar em um concerto de Bach.

Exemplo 1m:

Com base no uso frequente de três notas por posição, utilizo um sistema de numeração para explicar a ordem melódica das sequências de acordo com a nota mais grave, a nota média e a mais aguda das três. Assim, uma sequência como o Exemplo 1n é descrita como 3-1-2-3 e significa que a nota mais aguda da posição é tocada, seguida pela mais baixa, a do meio e de volta para a mais aguda. Essa forma é comum no trabalho de Yngwie.

Exemplo 1n:

Ao tentar estes exemplos, lembre-se de usar o movimento rotacional e a orientação da palheta para baixo para empurrar em direção à corda e puxá-la para fora. Para mudar padrões, certifique-se de que cada unidade se move em perfeita sincronia com as suas palhetadas descendentes e as batidas do metrônomo.

Princípio Ativo Três: Estratégia de Números Pares em Múltiplas Cordas

Números pares são um sonho da palhetada alternada, orientada para baixo. A OPD configura qualquer sequência de palhetada com várias cordas e números pares para iniciar cada corda em um movimento descendente, sair em um movimento ascendente e ter um caminho livre para mudar de corda em qualquer direção sem alterações na inclinação da palheta. Independentemente do estilo musical, *licks* baseados em múltiplos de duas notas por corda darão essa liberdade de mudança de corda por toda parte, como mostrado no *lick* em A Dórico no estilo fusion do Exemplo 1o, e a tonalidade E Frígia Dominante do Exemplo 1p.

Exemplo 1o:

Exemplo 1p:

A simplicidade de mudança de corda e consistência desses padrões significa que, se cada corda tem duas, quatro, seis ou vinte notas, o caminho de palhetada entre as cordas não precisa ser mais complicado do que um padrão fechado na pentatônica, por exemplo. Yngwie usa isso com bons resultados em várias de suas escalas características. Se você remover a orientação de palhetada descendente dessa categoria de palhetada de *licks*, a mudança de cordas mais uma vez se tornará complicada. Para evitar tais problemas, inicie as sequências de *pares* em uma palhetada para baixo e mantenha a OPD do início ao fim.

Mesmo os padrões que começam com palhetadas para cima não ocorrem naturalmente na forma de Yngwie tocar, mas, se forem encontrados em outros estilos e situações de execução, é importante que você vire a orientação de palhetada para que o início das palhetadas ascendentes seja precedida por uma inclinação de palheta ascendente. O Exemplo 1q demonstra isso com uma inclinação de palheta para cima na batida 2, configurando as partes do *lick* antes de regressar a uma inclinação de palheta descendente durante a batida 2 do compasso dois.

Exemplo 1q:

Princípio Ativo Quatro: Estratégia de Números Ímpares Ascendentes

Neste ponto, você deve se sentir confortável com a palhetada alternada de *licks* em uma corda só e com sequências em números pares de várias cordas, mantendo uma orientação de palhetada descendente do início ao fim. Os princípios ativos quatro e cinco cobrem como Yngwie lida com números ímpares de notas, que desempenham um grande papel na forma como o resto do material deste livro é tocado.

A palhetada alternada para números ímpares de notas por corda não é uma característica do estilo de Yng, mas é vital ter uma visão geral de como a palhetada alternada é afetada por números ímpares para apreciar os benefícios e a consistência da solução de Yngwie.

A palhetada alternada rigorosa para números ímpares cria dois caminhos de palhetada conhecidos como *palhetada por fora* e *palhetada por dentro*. Esses termos se referem à palheta viajando ao redor das cordas ou diretamente entre elas. No Exemplo 1r, o caminho de palhetada da corda G para a corda B é um movimento de palhetada por fora, e o caminho da corda B para a corda E é um movimento de palhetada por dentro. Aqui, as *palhetadas ascendentes por fora* são melhor abordadas com uma inclinação da palheta para cima, e as *palhetadas ascendentes por dentro* são melhor abordadas com uma inclinação da palheta para baixo.

Exemplo 1r:

Uma das armadilhas da palhetada alternada é que adicionar ou remover notas de uma frase pode alterar onde os caminhos de palhetada por dentro e por fora ocorrem. O Exemplo 1s começa com três novas notas na corda D e segue com as notas do exemplo anterior. Consequentemente, ocorre uma reversão completa do segmento anterior da frase, com palhetadas, inclinação de palheta e caminhos de palhetada invertidos para seus opostos.

Exemplo 1s:

O sistema de Yngwie, no entanto, é construído sobre a facilitação de uma abordagem ininterrupta e consistente para cada mudança de corda ascendente em vez dos requisitos simétricos e muitas vezes mutáveis da palhetada alternada. A sua preferência por iniciar nas cordas com palhetadas descendentes é preservada, como descrito na abordagem de números pares.

Ao subir com números ímpares, Yngwie usará um movimento de *sweep* ou de economia com OPD para transformar o último movimento descendente de uma corda no primeiro movimento descendente da corda seguinte. É aplicar o princípio científico da *Inércia*, ou seja, a tendência de um objeto permanecer em seu estado atual de movimento até ser afetado de outra forma. Tal propensão é particularmente o caso com a velocidade melhorada do deslocamento da borda exterior da palheta, já que a palheta desliza suavemente de uma corda para a outra. Simplificando, no sistema da Yngwie, a maneira mais fácil de superar uma mudança de corda é empurrá-la diretamente! Este processo direcional de mudança de cordas com a palhetada *sweep* é conhecido como *palhetada econômica*, mas Yngwie usa estritamente a palhetada econômica ascendente.

A aplicação dessa abordagem a linhas como os Exemplos 1q e 1r demonstra que, com o estilo de Yng, estender uma frase não precisa reverter sua mecânica. No Exemplo 1t, as notas dos dois exemplos anteriores são reprisadas, mas reequipadas com o sistema de palhetada de Yngwie, que permanece na orientação descendente e manipula cada mudança de corda da mesma forma que a seguinte. Em outras palavras, dois licks – uma abordagem.

Exemplo 1t:

Os baixistas têm aproveitado os pontos fortes dessa abordagem newtoniana à mudança de corda desde o advento do *fingerstyle* no baixo vertical, mas na direção oposta: das cordas mais agudas para as cordas mais graves. Usando um método sempre que se apresentava uma oportunidade de descer cordas com o mesmo dedo, os baixistas continuaram essa prática através do nascimento do baixo elétrico no rock, blues, funk e jazz.

De volta ao mundo da palheta, a estratégia assimétrica de mudança ascendente de cordas tem sido um ponto de partida do gênero *Gypsy Jazz*, possivelmente desde a sua criação, pois os métodos de ensino geracionais o viram evoluir para um padrão mecânico não mencionado, embora sem o deslocamento da borda da palheta ou a ancoragem da mão da palheta vista no sistema de Yngwie.

É imperativo que, ao desenvolver a sua mecânica de palhetada econômica, você faça um movimento fluente de *sweep* entre as cordas em vez de usar duas palhetadas separadas. Desenvolva sua técnica de palhetada de descanso para que os movimentos descendentes das cordas mais graves pousem na corda mais aguda seguinte sem a necessidade de um movimento duplo. A primeira nota de cada corda mais aguda será, portanto, criada pela palheta *deixando* a corda em vez de aterrissar nela, pois ela já estará em posição a partir do *sweep*.

Assista ao vídeo

Você pode ver um exemplo de vídeo da estratégia ascendente em velocidade máxima e em câmera lenta, baixando os arquivos para este livro. Consulte a seção "Get the Audio".

Princípio Ativo Cinco: Estratégia de Números Ímpares Descendentes

A segunda solução de Yngwie para números ímpares de notas por corda é uma estratégia que descrevo como *palhetada com legato*. Legato significa *unido,* ou seja, *suave* em termos musicais. Para os guitarristas, no entanto, é muitas vezes descrito como uma técnica de tocar devido ao uso de *hammer-ons* e *pull-offs* com a mão que digita as notas, para contrastar o ataque geralmente mais forte da palhetada.

Um músico que usa a palhetada econômica em ambos os sentidos, como Frank Gambale, desce invertendo sua abordagem ascendente com mudanças de cordas tocadas com palhetada econômica e uma inclinação da palheta ascendente. Yngwie mantém sua OPD por toda a duração das linhas descendentes e aborda a assimetria do seu estilo de outra forma.

Assim como na estratégia de números pares, Yngwie usa os pontos fortes da palhetada alternada para iniciar as cordas com palhetadas para baixo e sair na palhetada para cima sem forçar mudanças na orientação da palheta e no caminho da palhetada. Um *pull-off* com a mão que digita as notas é então usado para executar a nota ímpar final de qualquer corda aplicável. Portanto, três notas são tocadas *para baixo, para cima, pull-off*. Cinco notas são tocadas *para baixo, para cima, para baixo, para cima, pull-off,* e assim por diante. O Exemplo 1u é uma frase característica de Yngwie com a estratégia de *palhetada com legato* descendente.

Exemplo 1u:

Um guitarrista que usa a palhetada econômica usaria uma abordagem diferente para as mesmas notas, usando uma inclinação ascendente da palheta e usando *sweeps* ascendentes como mostrado no Exemplo 1v.

Exemplo 1v:

A estratégia usada no exemplo anterior é um ponto importante das linhas fluidas descendentes de Yngwie. A abordagem de palhetada com legato evita a palhetada por dentro, é otimizada para a OPD e cria uma sinergia entre números pares e ímpares combinados em uma sequência, já que a primeira palhetada em cada corda ainda é uma palhetada para baixo, e a última continua sendo uma palhetada para cima. A colocação estratégica de *pull-offs* lida com o que de outra forma seria uma quebra na estratégia dos números pares.

A Exceção da Nota Solitária

Há uma "quase exceção" para o modelo de nota inicial palhetada para baixo. Eu digo quase porque, apesar de seu aparente desvio das regras, essa anomalia tem uma consistência no seu uso.

Quando uma única palhetada em uma corda ocorre antes de qualquer número de notas numa corda mais grave, a nota palhetada de forma única é tocada com uma palhetada para cima antes da corda mais grave começar em uma palhetada para baixo. Manipular uma *nota solitária* dessa forma preserva a consistência no sistema entre o resto do lick, tratando-a como uma *nota de saída,* como se fosse a última de várias notas tocadas na corda mais aguda. A palheta *deixa* a corda mais aguda em uma palhetada ascendente, inicia a corda mais grave em uma palhetada para baixo, e ainda evita a palhetada por dentro e a inclinação de palheta alternada.

O Exemplo 1w é típico da forma como Yngwie começa uma frase em legato em uma corda antes de palhetar em cordas mais graves. Mesmo que houvesse muito tempo para movimentar a palheta da corda E para a corda B, se ambos começassem em palhetadas para baixo, usar a palhetada para cima na nota solitária remove um salto em semicírculo que pode ser evitado para a corda B.

Exemplo 1w:

O Exemplo 1x demonstra um caminho direto da corda E para a corda B usando a exceção da nota única. Para reforçar como isso se encaixa na abordagem descendente habitual em vez de a contradizer, o Exemplo 1y adiciona uma nota extra a cada lado do *lick*, mantendo a palhetada da porção original.

Exemplo 1x:

Exemplo 1y:

A estratégia das notas solitárias desempenhará um papel importante nos exercícios de loop e sequências do Capítulo Seis.

Resumo de Biomecânica

Sempre tive a opinião de que qualquer coisa é replicável se você souber como, e essa é precisamente a motivação por trás do detalhamento deste capítulo. Onde um guitarrista pode parecer exibir uma disposição natural para um conceito, outro pode precisar pensar mais, praticar de forma mais inteligente e gastar mais tempo na solução de problemas do que o primeiro. Não fique desanimado se você for o último. Seus esforços serão recompensados se você seguir o método e permanecer consciente de si mesmo.

A desmistificação é um processo essencial nas nossas trajetórias como músicos, por isso tente não ficar sobrecarregado com o volume de informação, mas, em vez disso, dê um passo depois do outro. A informação e a aplicação constroem a ponte entre onde você está e onde você gostaria de estar, então certifique-se de que cada fundação está estável antes de colocar a próxima.

Apesar do tempo que pode demorar para colocar em prática os conceitos de palhetada de Malmsteen, os próprios princípios contêm algumas recompensas ótimas e que poupam tempo. Superficialmente, parece que trabalhar em diferentes conceitos para direções ascendentes e descendentes é trabalhar em duas habilidades não relacionadas. Como você pode ter suposto a partir dos princípios deste livro, a verdadeira palhetada alternada e econômica também exige que o guitarrista domine uma abordagem de duas vertentes, principalmente na aprendizagem de opostos em relação à inclinação da palheta, palhetada por fora e por dentro.

O sistema do estilo de Yng conserva tempo e energia das seguintes formas:

* *Permitindo a orientação contínua da palhetada para baixo*

* *Padronização do início de cada corda com uma palhetada para baixo*

* *Remoção da alternância das palhetadas por fora e por dentro*

* *Sistematização de quaisquer exceções à norma com legato e a estratégia das notas solitárias*

Uma vez que você tenha transformado seu conhecimento em hábito, uma intuição sobre como o sistema se aplica aos exemplos deste livro e do catálogo de Yngwie Malmsteen em geral deve se desenvolver, permitindo que você execute o material com sucesso, confiança e autenticidade.

Capítulo Dois: Tonalidades e Sons Característicos

Este capítulo é o seu guia para os sons mais importantes do vocabulário neoclássico do rock. Enquanto Yngwie é adepto da improvisação usando uma variedade de *modos*, seus sons característicos são mais comumente criados usando variantes da escala menor e seu "primo malvado", o modo *dominante frígio* da *menor harmônica*, bem como uma escala sintética a qual me refiro mais tarde como a escala *menor* híbrida.

Escala Menor Natural ou Modo Eólio

Construção: I, II, bIII, IV, V, bVI, bVII.

Harmonia: I min, II dim, bIII Maj, IV min, V min, bVI Maj, bVII Maj

A *menor natural* é uma escala diatônica que contém passos de semitom entre os graus II e bIII, e entre os graus V e bVI. Uma vez que cada escala menor natural partilha uma *armadura* com uma *escala maior* correspondente, por vezes falamos em uma escala menor *relativa*. Por exemplo, a escala de A menor (contendo as notas A, B, C, D, E, F, G) é relativa a C maior (contendo C, D, E, F, G, A, B).

Esta tonalidade é uma das várias derivadas da escala maior, chamadas de *modos*, razão pela qual é conhecida por muitos improvisadores na teoria da música moderna como o *modo Eólio*, o sexto de sete *modos* da escala maior. A escala menor natural é importante na música ocidental porque nós mais comumente descrevemos a música como estando em um tom maior ou no seu tom menor relativo, dependendo de onde a resolução é enfatizada.

Para estudar outros modos e suas aplicações, confira *Escalas de Guitarra Contextualizadas* de Joseph Alexander, publicado pela Fundamental Changes.

Em uma casa do braço da guitarra, a tônica menor relativa é encontrada três casas abaixo da tônica da escala maior ou nove trastes acima, somando-se às doze notas cromáticas em cada oitava. Os exemplos de estudo neste livro utilizam padrões de escala posicionais e mutáveis, por isso familiarize-se com as formas que se seguem. Elas ilustram a escala de A menor natural começando na sexta corda, na quinta corda, e em todo o braço da guitarra respectivamente.

A Menor Natural a partir da tônica da corda 6

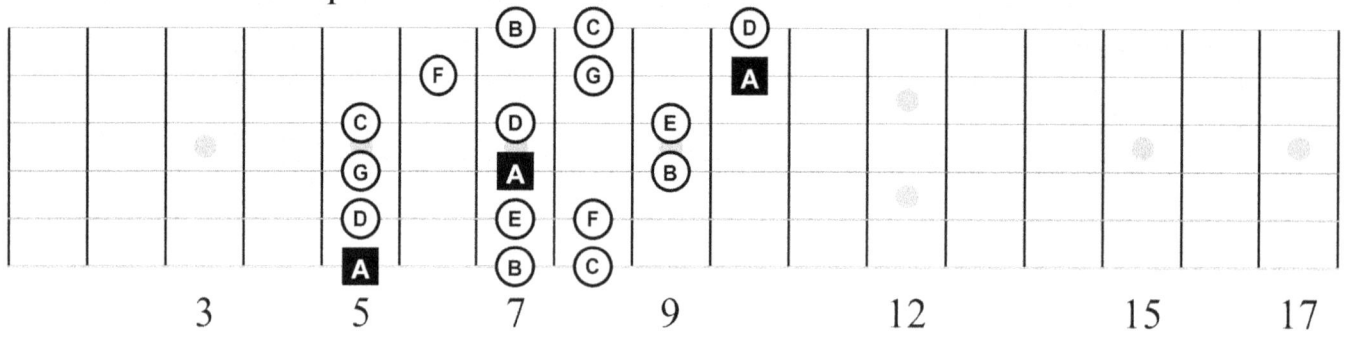

A Menor Natural a partir da tônica da corda 5

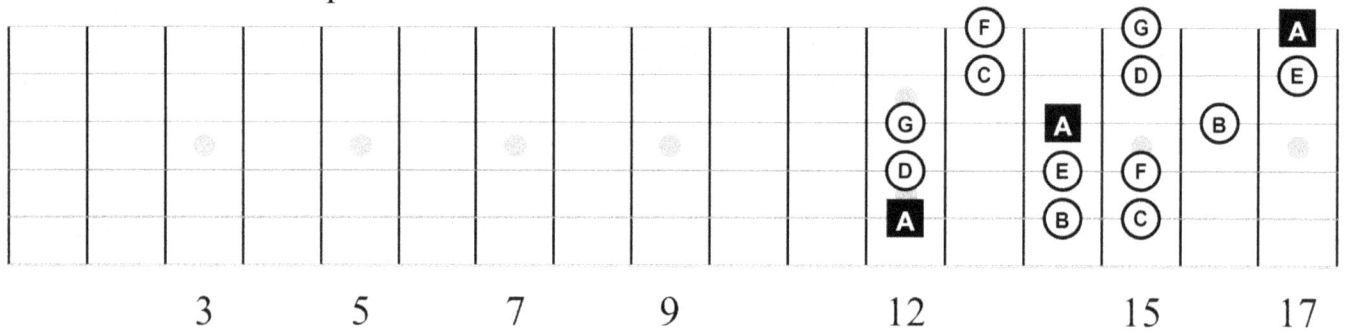

A Menor Natural através do braço da guitarra

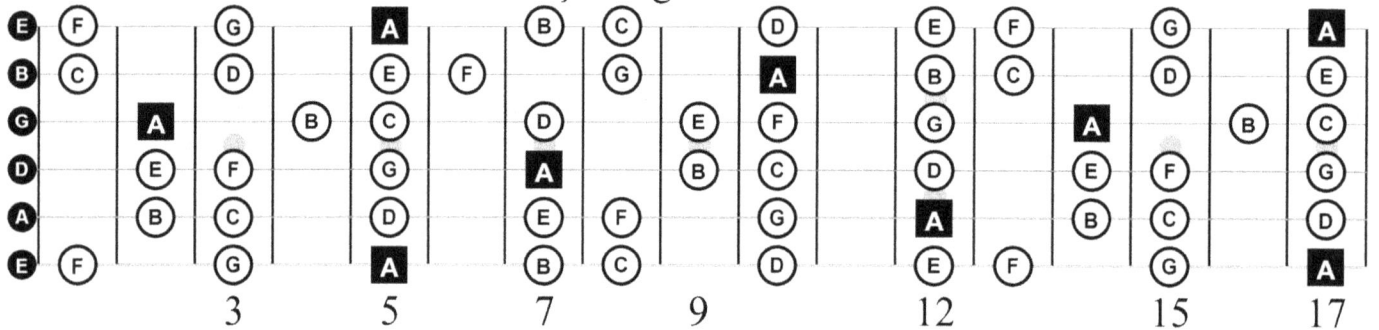

Harmonia Natural da Escala Menor

Ao empilhar terças para construir harmonia, a escala menor natural produz sete tríades que você pode usar em progressões de acordes sob improvisação. Tratar cada grau de escala como a tônica de um conjunto e adicionar um intervalo diatônico de terça acima dele, e outro intervalo diatônico de terça acima, resulta em uma escala de acordes. No tom de A menor, temos o seguinte:

A menor (contendo as notas A, C, E)

B diminuto (contendo as notas B, D, F)

C Maior (contendo as notas C, E, G)

D menor (contendo as notas D, F, A)

E menor (contendo as notas E, G, B)

F Maior (contendo as notas F, A, C)

G Maior (contendo as notas G, B, D)

Escala Harmônica Menor

Descrição: Menor natural com uma sétima aumentada

Construção: I, II, bIII, IV, V, bVI, VII.

Harmonia: I menor, II dim, bIII Aug, IV menor, V Maj, bVI Maj, VII dim.

A escala menor harmônica não só aparece de forma proeminente nas obras de grandes compositores que influenciaram a abordagem do jovem Yngwie Malmsteen na composição, mas também em muitas improvisações de Malmsteen, onde se tornou uma característica distinta de seus solos quentes. Ainda mais, o gêmeo maléfico da menor harmônica, o modo dominante Frígio, é uma marca que aparece em qualquer faixa de Malmsteen.

A escala menor harmônica contém os primeiros seis graus da escala menor natural, mas conclui com uma sétima maior (VII) em vez de uma sétima menor (bVII). Há uma finalidade harmônica por trás dessa alteração, que é criar uma resolução muito mais forte a partir do acorde V Maj (que apresenta uma terça maior em vez de uma terça menor) para o acorde I. Isso é chamado de *cadência perfeita*. Para ouvir o impacto dessa mudança, toque um acorde de E menor seguido por um acorde de A menor e, em seguida, compare com a resolução agradável criada por um acorde de E maior movendo-se para um acorde de A menor. A nota G# no acorde E Maior se torna um tom principal para a nota A.

Outros sons envolventes na escala menor harmônica incluem o efeito exótico criado pelo salto da terça menor entre os graus da escala bVI e VII e o fato de a escala também conter os trítonos, ou intervalos de quinta diminuta, de ambos os graus

A Menor Harmônica a partir da tônica da corda 6

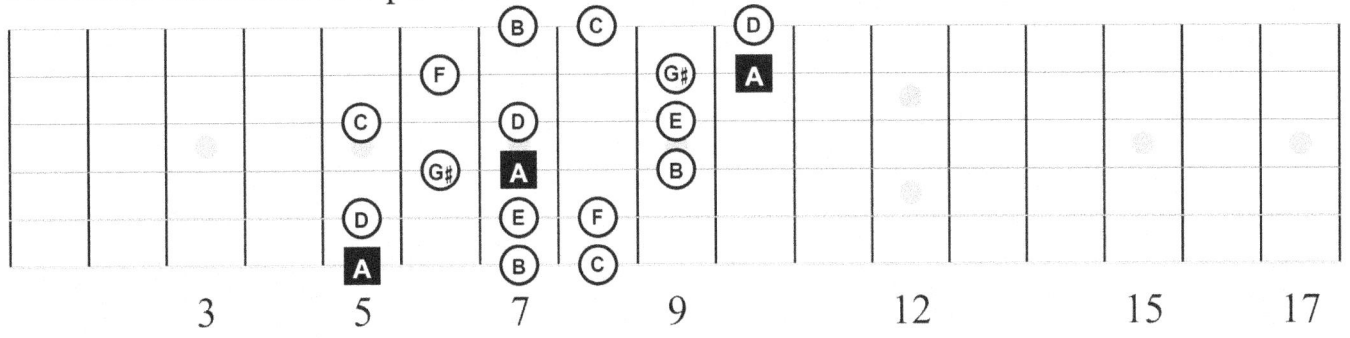

A Menor Harmônica a partir da tônica da corda 5

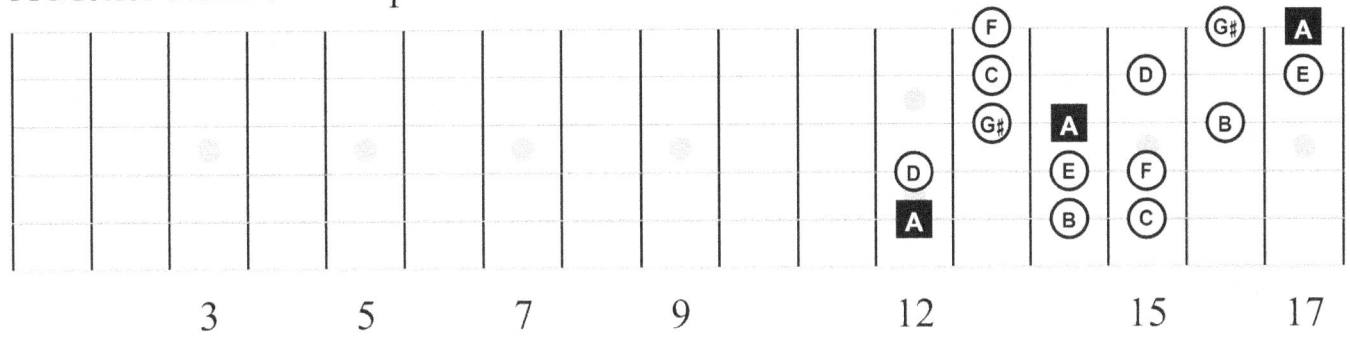

A Menor Harmônica através do braço da guitarra

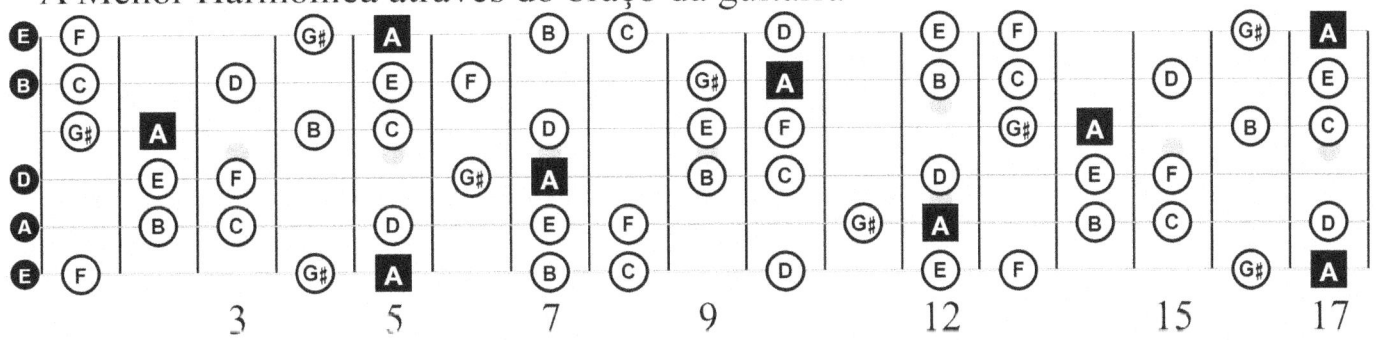

O acorde V não é o único elemento de harmonia afetado por uma mudança da menor natural para a menor harmônica. O acorde III Maj se tornará III Aug, e o acorde VII Maj se tornará VII dim (um semitom acima do que sua tônica original), dando-nos a seguinte sequência de tríades no tom de exemplo de A menor:

A menor (contendo as notas A, C, E)

B diminuto (contendo as notas B, D, F)

C Aumentado (contendo as notas C, E, G#)

D menor (contendo as notas D, F, A)

E Maior (contendo as notas E, G#, B)

F Maior (contendo as notas F, A, C)

G# diminuto (contendo as notas G#, B, D)

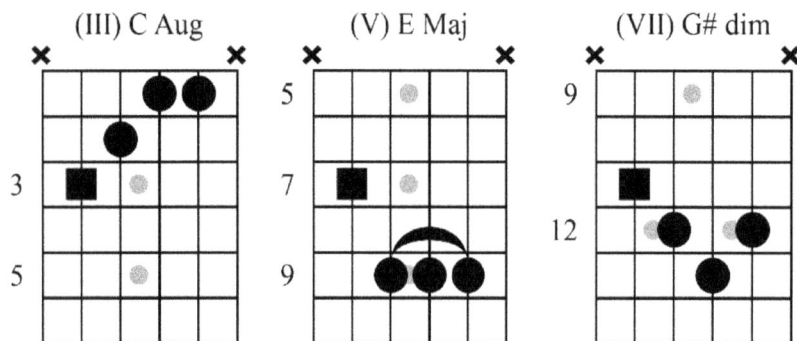

Pelo motivo das escalas menores naturais e harmônicas menores produzirem o mesmo I menor (e, na verdade, as tríades II dim, IV menor e VI Maj), é comum para Yngwie alternar entre as duas escalas em improvisação sobre *vamps* de um acorde sem se chocar contra quaisquer dissonâncias. Não fique alarmado se você ver execuções de escala que incluem um bVII em uma oitava e um VII na próxima.

Yngwie frequentemente compõe e improvisa em torno dos acordes I menor e V Maj, este último configurando a sonoridade mais reconhecida de Malmsteen, o Frígio dominante.

Modo Frígio Dominante

Descrição: O quinto modo da escala menor harmônica.

Construção: I, bII, III, IV, V, bVI, bVII.

Harmonia: I Maj, bII Maj, III dim, IV menor, V dim, bVI Aug, bVII menor

Com sua ênfase no acorde V da menor harmônica (que agora se torna o acorde I nesse contexto), o modo dominante Frígio proporciona a Yngwie o veículo para criar riffs e solos sombrios e exóticos de uma forma instantaneamente reconhecível que utiliza o quinto modo da escala menor harmônica. Em vez de simplesmente usar o modo como um dispositivo de transição para resolver o acorde tônico menor, Yngwie compõe seções e solos longos usando o modo Frígio dominante de uma forma modal, explorando a sua tonalidade sem sentir a necessidade de uma resolução de cadência perfeita sempre.

Como um modo de A menor harmônico, o modo Frígio dominante em E contém as notas E (I), F (bII), G# (III), A (IV), B (V), C (bVI) e D (bVII). Observe que cada uma das notas na tríade tônica modal tem um intervalo de semitom acima dela dentro da escala. Trilos entre estes tons de acordes e suas notas superiores vizinhas podem ser uma excelente maneira de soletrar a tonalidade do modo.

Modo E Frígio Dominante através do braço da guitarra

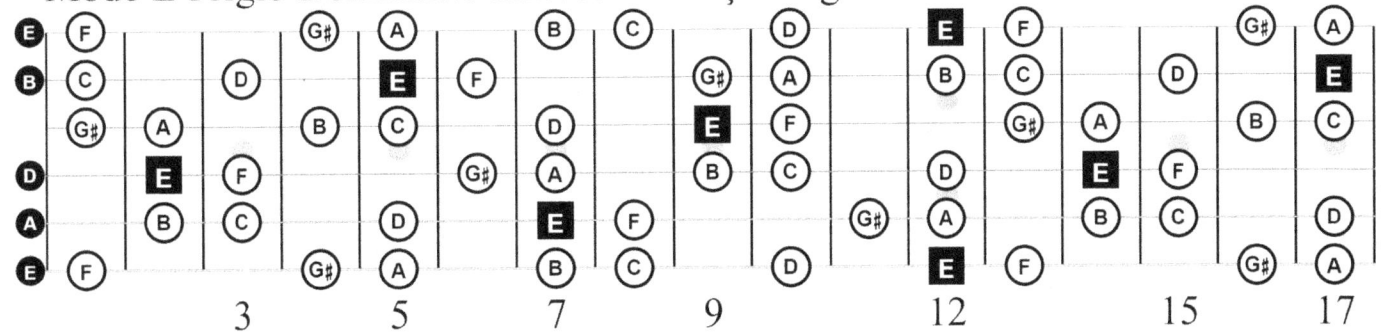

Um dos aspectos fundamentais da improvisação modal é pensar dentro da tonalidade em questão, por isso, embora as notas de uma escala menor harmônica e a derivada Frígia dominante serem as mesmas, é importante pensar em contexto. Considere a relação de cada nota com o acorde subjacente e crie ideias que soam bem sobre cada acorde. Com esse objetivo, Yngwie favorece padrões como os dos Exemplos 2a e 2b dentro do modo Frígio dominante por causa da ênfase nos tons de tríade tônicos, atravessando o braço da guitarra com combinações de três notas e quatro notas por corda.

Exemplo 2a:

Exemplo 2b:

Arpejos Diminutos de Sétima

Junto do som mais sombrio do Frígio dominante, *Arpejos diminutos de sétima* são também um som neoclássico característico de Malmsteen. Um arpejo diminuto de sétima é composto de quatro notas que estão a uma terça menor de distância uma da outra. Frígio dominante produz arpejos diminutos nos graus bII, III, V e bVII do modo. Esses quatro arpejos também são inversões uns dos outros, contendo as mesmas quatro notas em ordens diferentes:

F Diminuto 7 (contendo as notas F, G#, B, D)

G# Diminuto 7 (contendo as notas G#, B, D, F)

B Diminuto 7 (contendo as notas B, D, F, G#)

D Diminuto 7 (contendo as notas D, F, G#, B)

A soletração de acorde de um arpejo diminuto de sétima é I, bIII, bV, bbVII e, para estar correto de um ponto de vista enarmônico, as soletrações das notas acima devem ser diferentes. No entanto, já que os quatro arpejos acima são também inversões deles mesmos, outra forma de vê-los no contexto Frígio dominante é como parte de um acorde V7b9 sem a tônica. No tom de exemplo, E7b9 contém as notas E, G#, B, D e F. A tônica de qualquer harmonia subjacente produzirá a nota E, e todos os quatro arpejos diminutos de sétima podem ser sobrepostos em solos para melhorar a tonalidade e implicar o acorde completo.

Tons de acorde diminuto 7 através do braço da guitarra

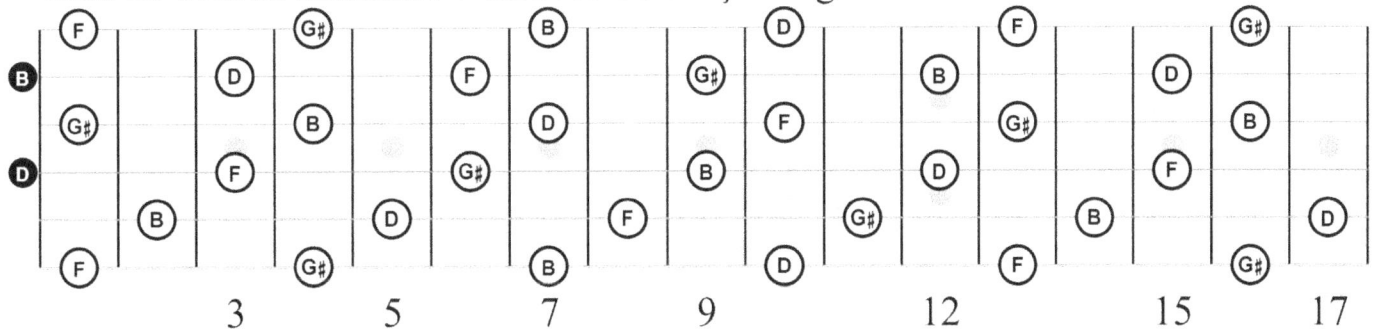

Yngwie frequentemente usa palhetada *sweep* e mudança de posição para conectar os arpejos diminutos de sétima para cima e para baixo do braço da guitarra em intervalos de terça menor, como a forma de três cordas abaixo.

Exemplo 2c:

Para linhas de escala como as que foram focadas neste livro, arpejos diminutos de sétima também podem ser usados para criar o esqueleto dos padrões de palhetada escalar. O Exemplo 2d delineia um arpejo diminuto de sétima com duas notas por corda, com o Exemplo 2e adicionando uma nota intermediária a cada corda para expandir o arpejo em uma linha Frígia dominante. Tente isso sobre um acorde E ou E7.

Exemplo 2d:

Exemplo 2e:

Escala Menor Híbrida

Descrição: Uma escala menor sintética com oito graus.

Construção: I, II, bIII, IV, V, bVI, bVII, VII.

Harmonia: Use sobre a natural menor ou harmônica menor, mas tenha cuidado!

Híbrida menor é o nome que dou para uma escala sintética que ocorre em algumas das sequências de notas de escala mais conhecidas de Yngwie. Quer ela tenha evoluído por conveniência no braço da guitarra, ou como um recurso de passagem tonal, a menor híbrida "borra" as linhas entre as escalas natural e menor harmônica, pois ambos os intervalos bVII e VII estão presentes, criando a escala demonstrada.

A Menor Híbrida a partir da tônica da corda 5

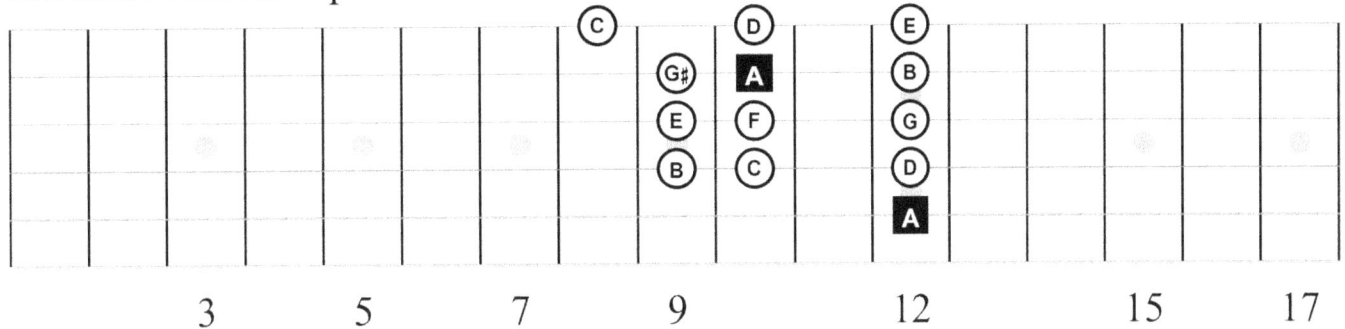

Yngwie usa o efeito híbrido menor entre a corda G e a corda B, terminando a terceira nota no grau bVII, e começando a segunda corda no grau VII. Essa ocorrência comum fortalece o caso do padrão que evolui por conveniência técnica ao manter-se com três notas em ambas as cordas.

Na tonalidade de A menor, a escala híbrida incluirá as notas A, B, C, D, E, F, G e G#. Tenha cuidado ao usar essa escala, para não se agarrar a nenhuma nota que crie dissonância com o acorde subjacente. Por exemplo, ao tocar um padrão menor híbrido em A sobre um acorde E ou E7, use a nota G estritamente como um tom de passagem, pois, de outra forma, haverá uma dissonância com a nota G# do acorde.

Yngwie frequentemente usa o padrão menor híbrido não apenas em sequências de notas ascendentes e descendentes, mas também em sequências de escala, como *as quatro notas descendentes*. É fácil criar um som bastante incomum, mas reconhecível, ao sequenciar em torno de semitons consecutivos do bVII, VII e da tônica acima deles.

Exemplo 2f:

Cada uma das escalas e tonalidades mencionadas neste capítulo pode ser praticada sobre o acorde tônico relevante ou usando *notas pedais* nas cordas E ou A graves. Eu recomendo a improvisação em tempo livre, bem como trabalhar com um metrônomo e faixas de apoio para sintonizar seus ouvidos e dedos com os padrões e suas relações com a harmonia subjacente.

Parte Dois: Desenvolvimento Técnico

Tendo estudado a Parte Um deste livro, você deve estar familiarizado com os vários elementos de movimento no estilo de palhetada de Yngwie usando termos baseados na ciência, bem como a terminologia musical que será usada para descrever os sons usados nos capítulos sucessivos. Você deve agora ser capaz de identificar as diferentes mecânicas de movimento em jogo no estilo de Yngwie e conhecer os sons e digitações das escalas menores natural, harmônica e híbrida, o modo Frígio dominante, e arpejos diminutos de sétima.

A Parte Dois coloca os preceitos mecânicos em prática com uma série de exercícios de desenvolvimento. Eu os categorizei em quatro áreas de foco para o domínio progressivo de todo o sistema.

- *Palhetada Alternada em Corda Única e Números Pares*

- *Palhetada Econômica Ascendente*

- *Palhetada com legato descendente (palhetada alternada com legato)*

- *Loops e Sequências*

Para obter os melhores resultados, as suas rotinas de prática devem consistir num cruzamento entre assuntos únicos e múltiplos por sessão. Desenvolva uma área em suas *sessões de foco* e cubra várias áreas em *sessões mistas*. Veja um exemplo de programa de treinamento:

Semana 1:

- *Dia 1: Obtenha uma visão geral de todo o sistema, dando uma olhada em cada capítulo desta parte*

- *Dias 2-6: Trinta minutos por dia trabalhando com o primeiro assunto a várias velocidades*

- *Dia 7: Vinte minutos de revisão e mais dez minutos para os exercícios iniciais do capítulo seguinte*

Semanas 2-4:

- *Dia 1: Revisão de dez minutos do material anterior e vinte minutos de trabalho no capítulo novo*

- *Dias 2-6: Trinta minutos de exercícios focados no novo capítulo a várias velocidades com um metrônomo*

- *Dia 7: Vinte minutos de revisão mais dez minutos para os primeiros exercícios do capítulo seguinte*

Semana 5:

- *Todos os dias: trabalhe até a sua velocidade máxima, com execução limpa, dos últimos exercícios de cada capítulo com um metrônomo*

- *Tome nota de quaisquer problemas e revise os exercícios apropriados para superar dificuldades*

Semana 6 e seguintes:

- *Aborde os estudos avançados na Parte Três, usando a Parte Dois como seu material de aquecimento, conforme necessário*

Capítulo Três: Palhetada Alternada em Números Pares e em Uma Corda Só

O desenvolvimento de uma técnica robusta em uma corda só é uma parte crucial do controle de velocidade da palhetada – não é apenas um elemento estilístico da forma de tocar de Yngwie. O foco no trabalho com uma única corda permite que você se sobressaia em várias facetas técnicas importantes antes que a mudança de corda entre em jogo. Neste capítulo também serão apresentados exercícios em múltiplas cordas, com números pares, para demonstrar como você pode expandir muitas das ideias de uma corda só.

Os exemplos nesta seção foram concebidos para lhe dar o controle, a sincronia, a velocidade e o *timing* que o colocarão em boa posição para futuros capítulos. Criei cada exercício com o objetivo de construir progressivamente o seu conjunto de habilidades. Quando você puder executar cada um deles de forma limpa, precisa e com um certo grau de confiança, passe para o próximo.

Em relação às preferências de digitação de Yngwie, existem duas digitações fixas e duas alternadas em uso regular. Quando três notas são espaçadas começando com um semitom e um intervalo maior como um tom inteiro ou uma terça menor (Figura 2a), ou dois tons consecutivos (Figura 2b), os dedos um, dois e quatro são usados.

Figura 2a:

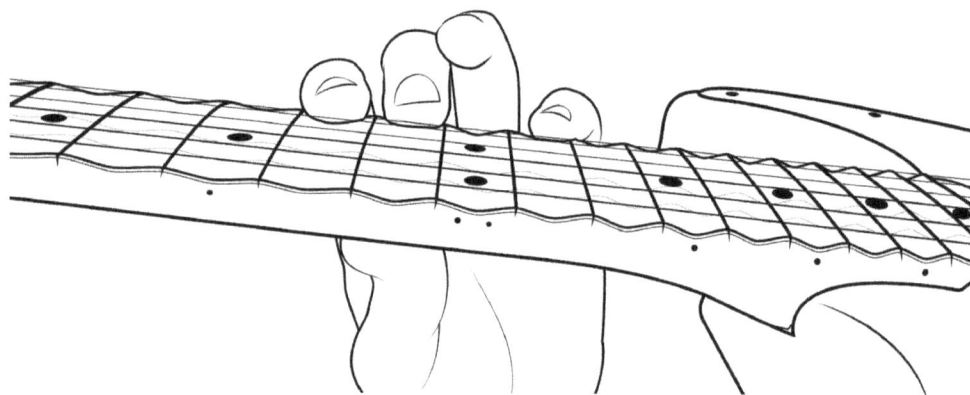

Figura 2b:

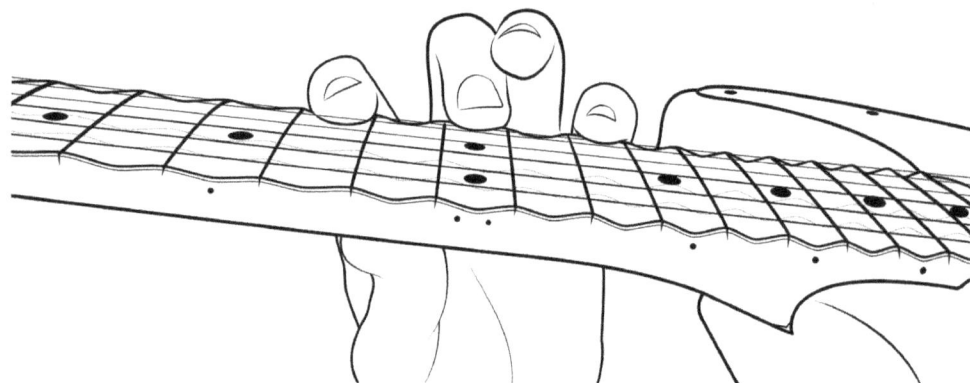

Yngwie lida com espaçamentos de notas que terminam com um semitom de duas maneiras diferentes. Ao usar um espaçamento de nota como um tom para um semitom em isolamento, Yngwie favorece os dedos um, dois e três (Figura 2c). Para outras linhas e sequências em que é lógico fazê-lo, ele usa o quarto dedo para a nota mais aguda e o terceiro dedo para a nota média (Figura 2d). Sinta-se livre para usar um ou ambos a seu critério, contanto que você aplique suas escolhas com consistência para evitar confusão.

Figura 2c:

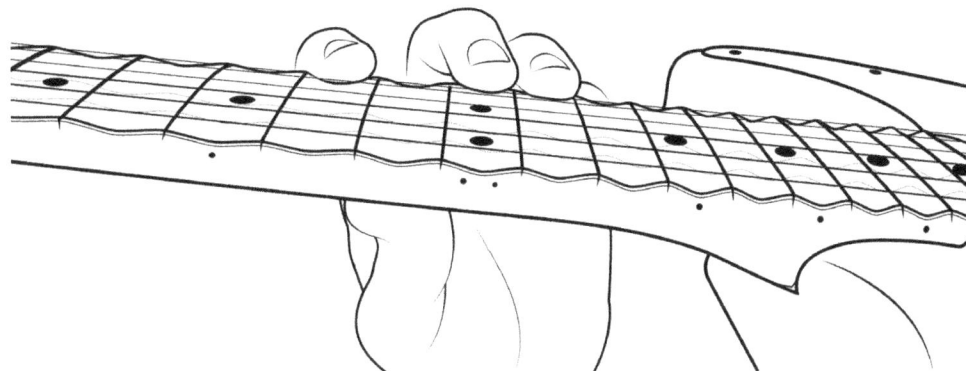

Figura 2d:

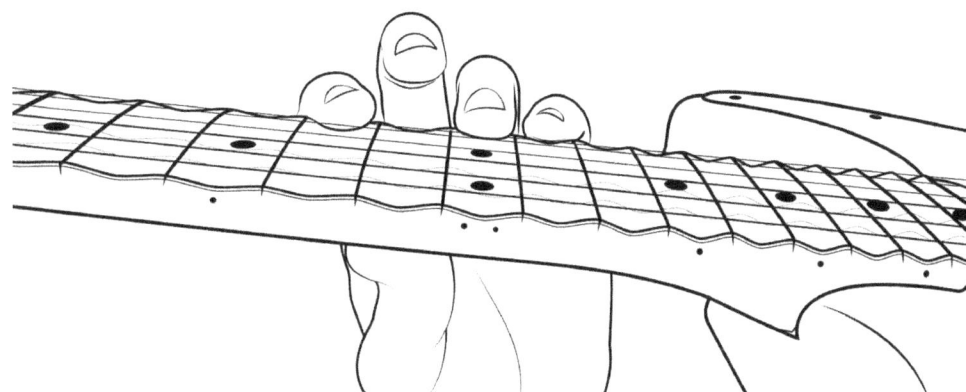

Usando os princípios da mão da palheta previamente abordados, trabalhe em todos os exercícios na ordem apresentada. Trabalhe neles *sem* metrônomo no início, porque se trata de desenvolvimento de habilidades motoras. Inclua o metrônomo para acompanhar o seu progresso e certifique-se de que está tocando no tempo quando a mecânica estiver estável. Eu também sugiro bater o seu pé nas batidas de 1/4 usando o pé oposto à sua mão da palheta. Membros diagonalmente opostos muitas vezes funcionam bem juntos para reforçar o ritmo interno, como fazem ao caminhar ou correr.

Depois de algumas repetições, mova cada exercício para as outras cordas da guitarra uma a uma, prestando atenção adequada a quaisquer cordas mais difíceis de tocar do que as outras. Concentre-se nos pontos fracos até que cada corda tenha um conforto semelhante.

Começando com o Exemplo 3a, use a corda E aguda como um trilho guia de repouso para seu movimento de palhetada ao longo da corda B. Ao mover o exercício para cada corda, faça o mesmo com a corda adjacente mais aguda. Na corda E aguda, obviamente, não haverá uma corda mais aguda para descansar, então certifique-se de que seus ângulos são consistentes com o que você fez nas outras cordas. Concentre-se apenas na sua mão da palheta nesta fase, já que você incorpora o deslocamento da borda da palheta, a orientação da palhetada para baixo e a rotação ancorada do antebraço.

Exemplo 3a:

Depois de completar o primeiro exercício a várias velocidades e em todas as cordas, adicione variedade no tom e adicione outros dedos. Lembre-se que você tem duas opções para digitar com este espaçamento.

Exemplo 3b:

Os Exemplos 3c e 3d foram concebidos para familiarizá-lo com a escala menor natural ao longo de uma corda, começando por mover um motivo simples para cima e para baixo de forma diatônica. As semínimas nas batidas 2 e 4 permitem-lhe mudar de posição com bastante tempo. Fique com o conceito do trilho guia neste ponto.

Exemplo 3c:

Exemplo 3d:

Para facilitar a execução de um fluxo constante de semicolcheias ao longo de uma corda com mudanças de posição, o padrão cromático "rastejado" do Exemplo 3e, (que eu chamo de *Centopeia)*, irá construir a sua resistência da mão da palheta. O dedo indicador conduz cada grupo ascendente de quatro notas, e o quarto dedo conduz a descida. Objetive para, pelo menos, quatro repetições limpas em cada corda antes de tentar um tempo mais rápido, monitorando as falhas de tempo para acompanhar o seu progresso.

Exemplo 3e:

O exercício do Exemplo 3f envolve todas as seis cordas, mudanças de posição mais amplas entre grupos cromáticos, e o quarto dedo conduz consistentemente. É crucial que a OPD seja utilizada para facilitar cada mudança descendente de corda. Assegure-se que a sua palhetada para cima de saída, na corda mais aguda, configura a entrada para baixo da próxima corda sem a necessidade de qualquer outro movimento.

Exemplo 3f

As quatro notas ascendentes e descendentes são elementos importantes de um excelente repertório de sequência diatônica, e, nos dois exemplos seguintes, três notas de cada posição são estendidas com uma mudança para uma nota adicional na próxima posição. Certifique-se de que cada mudança esteja sincronizada com a palhetada para evitar que a quarta nota de cada grupo soe duas vezes. Uma boa maneira de acertar o tempo é acentuar o curso descendente que começa cada unidade da sequência.

Nas quatro notas ascendentes do Exemplo 3g, o dedo indicador deve sincronizar com cada batida do compasso. Nas quatro notas descendentes do Exemplo 3h, o dedo que atinge cada batida dependerá da sua preferência de digitação para o espaçamento *tom – semitom*.

Exemplo 3g:

Exemplo 3h:

Uma sequência que descrevo como 3-1-2-3 está intimamente relacionada às quartas ascendentes, mas a presença de uma nota extra no início empurra a parte das quartas ascendentes para trás em uma semicolcheia e inverte as palhetadas. Cada mudança de posição no Exemplo 3i ocorre no início de cada nova batida e em um movimento descendente.

Exemplo 3i:

```
8va------------------------------------------------------------
8—5—7—8⇘10—7—8—10⇘12—8—10—12-13-10-12-13——⟨15-12-13-15⇘17-13-15-17⇘19-15-17-19⇘20
```

Da mesma forma, a contraparte descendente 1-3-2-1 do exemplo anterior é uma relação do lick de quartas descendentes, que consiste em mudanças de posição no início de cada nova batida.

Exemplo 3j:

```
8va-----------------------------------------------------------------------------------
17-20-19-17⇘15-19-17-15⇘13-17-15-13⇘12-15-13-12——⟨10-13-12-10⇘8-12-10-8⇘7-10-8—7⇘5
```

Tenha em mente que sequências como 3-1-2-3 e 1-3-2-1 podem também ser usadas com saltos mais largos ao longo de cordas, como demonstra o Exemplo 3k em A menor harmônica.

Exemplo 3k:

```
10-13-12-10⇘13-17-15-13⇘9-12-10—9⇘12-15-13-12——⟨15-18-17-15⇘9-12-10—9—10
```

Um dos *licks* em uma corda mais familiares de Yngwie é algo que eu chamo de *Sixes Ostinato*. Aparece tanto em uma corda só como em múltiplas cordas nos solos de Yngwie. Nesta iteração, a nota mais aguda alterna entre a nota C da casa 13 e a nota D da casa 15. Preste muita atenção à digitação sugerida para evitar ficar amarrado. O ostinato funciona como uma frase de semicolcheias (Exemplo 3l) ou sextinas (Exemplo 3m).

Exemplo 3l

Exemplo 3m

O Exemplo 1n é uma expansão em múltiplas cordas do *sixes ostinato* que usa o desenho de arpejo diminuto de sétima de duas cordas para delinear uma tonalidade E Frígia dominante.

Exemplo 3n:

O exercício final da sua rotina de treino para este capítulo é um estudo de ponto pedal no estilo de J.S. Bach, e uma chance de aplicar suas palhetadas, conhecimento do braço da guitarra e mudança de posição em um exercício. Transponha-o para diferentes tons, oitavas e cordas para se desafiar. O tom notado é A menor com alguma modulação.

Exemplo 3o

Capítulo Quatro: Exercícios de Palhetada Ascendente Econômica

Os exercícios de palhetada econômica ascendente neste capítulo irão ajudá-lo a desenvolver e refinar o primeiro de dois elementos do sistema assimétrico de mudança de cordas de Yngwie para números ímpares. Usar palhetada sweep para terminar em uma corda mais grave e começar em uma corda mais aguda com a mesma palhetada é a melhor abordagem em qualquer momento que números ímpares de notas por corda estiverem envolvidos.

Vamos começar olhando para como uma mudança de corda funciona a partir da sexta corda para a quinta. No Exemplo 4a, uma única palhetada descendente toca as notas C e D. O sweep deve ser executado com palhetadas de descanso, primeiro da corda E para a corda A e depois da corda A para a corda D.

Exemplo 4a:

Essa mecânica de troca de cordas é a mesma usada em tríades de duas cordas. No Exemplo 4b, use uma palhetada por fora com OPD para sair da corda A e retornar para a corda E grave.

Exemplo 4b:

Aplicar a mudança de corda a uma situação escalar começa no Exemplo 4c, adicionando notas em ambos os lados. Certifique-se de que as palhetadas econômicas descendentes não são nem mais rápidas nem mais lentas do que as notas palhetadas alternadamente.

Exemplo 4c:

No Exemplo 4d, as duas frases alternadas terminam em palhetadas ascendentes. A orientação da palhetada descendente reforça o caminho de palhetada por fora de volta para a corda E grave a cada vez, o que será uma ferramenta valiosa nos loops e sequências do Capítulo Seis.

Exemplo 4d:

O Exemplo 4e consiste em um exercício de duas cordas que se desenvolve em um padrão de três oitavas e seis cordas, criando pares diatônicos a partir das cordas seis e cinco, cinco e quatro, quatro e três e assim por diante. Cada unidade do *lick* ocupa duas batidas e começa com o dedo indicador da mão que digita as notas. Use este exemplo para se certificar de que você é igualmente adepto na mudança de cordas em cada par de cordas.

Exemplo 4e:

Agora que você pode se mover em unidades menores em torno do braço da guitarra, é hora de aplicar a estratégia ascendente para tocar escalas. Qualquer forma com números ímpares como escalas de três notas por corda (aqui referidas como *três NPC*) funcionará perfeitamente com esta abordagem. Na sequência de notas em A menor natural do Exemplo 4f, preste muita atenção ao tempo enquanto acelera para a sua velocidade máxima. Yngwie irá frequentemente apressar as frases para dar efeito, mas é benéfico para o seu desenvolvimento se manter na batida no início, aplicando aceleração estilística mais tarde por escolha e não por acidente.

Exemplo 4f:

Uma vez que a integração de ideias é um aspecto tão significativo da execução fluida do estilo de Yngwie, dedique tempo para dominar o exercício de desenvolvimento final neste capítulo. O Exemplo 4g sobe com o mesmo padrão de palhetada do primeiro compasso do Exemplo 4f, mas usa uma digitação alterada descrita anteriormente como escala *menor híbrida*. Com esta subida levando-o à quarta batida do compasso um, o exercício muda então para quartas descendentes pela corda E aguda utilizando a escala A harmônica menor.

É possível segmentar esse exercício nos dois elementos contidos nele para memorizar. No entanto, uma vez que a fluidez é o objetivo, pratique ambos os compassos do início ao fim quando sentir segurança.

Exemplo 4g:

Capítulo Cinco: Exercícios Descendentes de Palhetada com Legato

Os exercícios descendentes neste capítulo formam uma rotina de prática que ajudará na combinação de palhetada alternada e *pull-offs* estratégicos, fazendo parecer uma extensão da estratégia de números pares, em vez de uma contradição em relação a essa estratégia.

Antes de iniciar os exercícios de palhetada com legato, comece com o Exemplo 5a, que é projetado para aquecer a mão que digita as notas usando *hammer-ons* e *pull-offs*. Repita este exercício em todas as outras cordas ao praticar, palhetando apenas a primeira nota de cada compasso. Tente evitar qualquer flutuação no tempo quando a sua mão que digita as notas já não tiver a mão da palheta para acertar o tempo.

Exemplo 5a:

Depois de aquecer a mão que digita as notas com os exercícios, traga a palhetada de volta para o jogo com o Exemplo 5b. Incorporar um *pull-off* na primeira tercina de cada compasso é o necessário para manter um número uniforme de palhetadas em ambas as cordas. Após a palhetada ascendente que precede cada *pull-off*, a sua palheta deve encontrar o seu caminho para a próxima corda com facilidade. Se não, verifique a sua inclinação para baixo. Quando tiver memorizado o padrão, tente-o em outros pares de cordas, como a terceira e a quarta ou a quinta e a sexta corda.

Exemplo 5b:

O Exemplo 5c mais uma vez usa um único *pull-off* para manter a coesão do sistema, desta vez em um *lick* E Frígio dominante de duas oitavas. Yngwie, de forma estilística, começa suavemente e termina mais agressivamente com *licks* como este, aumentando o ataque da palheta no final de cada frase.

Exemplo 5c:

Uma escala simples como o padrão A menor harmônico no Exemplo 5d permite a repetição da forma de palhetada *para baixo, para cima e pull-off* através de várias cordas. Tome cuidado para manter um bom tempo, e tente esta forma de palhetada com todas as escalas três NPC que você conhece.

Exemplo 5d:

Na improvisação, é importante poder alternar entre números pares e ímpares com facilidade, algo que os dois exemplos seguintes foram concebidos para atingir. Usando o desenho anterior de A harmônica menor, os Exemplos 5e e 5f misturam pares e ímpares duplicando as tercinas nas cordas selecionadas. No Exemplo 5e, a forma *para baixo, para cima, pull-off* na primeira, terceira e quinta corda é intercalada com a palhetada alternada pura na segunda e quarta corda. O Exemplo 5f faz o contrário.

Exemplo 5e:

Exemplo 5f:

O último objetivo a ser alcançado neste capítulo é ser capaz de tocar frases em que a colocação de notas ligadas e mudanças de corda são irregulares, ou seja, não ocorrem nas mesmas partes da batida de cada vez. Observe e trabalhe com o Exemplo 5g muito lentamente no início, observando onde cada batida cai à medida que você toca através de seus números variáveis de notas por corda.

Com várias repetições lentas, você deve ser capaz de ter uma noção de onde as palhetadas e *pull-offs* ocorrem sem ler todas as vezes. Conforme você aumenta o tempo, fique atento para manter o ritmo de semicolcheias, tomando cuidado para garantir que as porções de três notas não se transformem em tercinas.

Exemplo 5g:

Capítulo Seis: Exercícios em Loop e Sequência

O objetivo deste capítulo é consolidar as informações e técnicas que você adquiriu em capítulos anteriores, em uma série de exercícios cíclicos e sequenciados para a prática. Construindo sobre as bases que você criou através da prática nos capítulos três, quatro e cinco, estes exemplos vão se concentrar em reforçar a sua capacidade de combinar perfeitamente técnicas de uma forma musical, consistente e com o estilo Malmsteen.

Looping é o termo que dou para tocar frases curtas que sobem e descem para criar tensão e interesse antes de se aventurar em outra ideia. Yngwie faz isso frequentemente, especialmente nas cordas E e B agudas, mas você deve experimentar com os *loops* aqui em múltiplas oitavas e padrões de escala.

O Exemplo 6a combina as estratégias ascendente e de número par com números ímpares na corda B e números pares na corda E aguda. Cada mudança ascendente de corda ocorre com um *sweep* e cada mudança descendente de corda ocorre após uma palhetada para cima com uma palhetada por fora de volta para a corda B. Melodicamente, este loop começa com quatro notas ascendentes e continua com duas batidas de quartas descendentes, repetindo após três batidas.

Exemplo 6a:

O Exemplo 6b, também em E menor, apresenta três batidas de quatro notas descendentes ou uma sequência 4-3-2-1, seguido por uma batida de quatro semicolcheias ascendentes. A execução técnica deste loop é uma faceta vital do *lick*, porque introduz a ideia de um exercício e uma palhetada cruzada para pavimentar o caminho da aplicação da nota solitária na terceira batida do compasso. A estratégia das notas solitárias e a sua configuração desempenham um papel importante nas sequências que se seguem.

Estude este exercício, trabalhando nas batidas 3 e 4 em primeiro lugar. Esta é a metade mais natural do *lick* e uma forma típica de usar a nota solitária na corda E aguda. Em seguida, adicione ao menos duas semicolcheias da batida 2, composta de uma palhetada para baixo na casa 10 da corda B com um *pull-off* para a oitava casa.

Um movimento sutil de palhetada cruzada será necessário para chegar ao lado direito da corda E aguda, para a batida 3, levantando furtivamente a mão na articulação do pulso (extensão do pulso). Palhetada cruzada é um movimento criado pela flexão e extensão do pulso para passar por cima de uma corda. É comum em estilos como Bluegrass e Country, onde as mudanças da corda podem ser requeridas após a execução de uma nota única em uma corda, mas uma ocorrência raramente detectada no estilo de Yngwie.

O *hammer-on*, no momento antes da mudança de corda, permite tempo suficiente para entrar em posição sem a necessidade de saltar abertamente sobre a primeira corda. Movimento suficiente para "limpar" a corda é o necessário para preservar os outros componentes do exercício e manter o fluxo.

Exemplo 6b:

Pelo motivo de você já ter feito todo esse trabalho duro, vamos aplicar a mesma forma para outro loop, desta vez em E menor harmônica.

Exemplo 6c:

Loops podem ser um ótimo começo para uma escala descendente, como mostrado no Exemplo 6f, que toma o exercício do Exemplo 6b e adiciona um padrão E menor descendente no compasso dois, onde o ciclo teria sido repetido de outra forma.

Exemplo 6d:

Quando uma sequência de quartas descendentes é tocada através de um padrão de escala posicional como o do Exemplo 6e, é útil primeiro tomar nota de três coisas:

1. Há um layout repetido de notas em cada par de cordas: três notas e uma nota, duas notas e duas notas, uma nota e três notas. Após estes três passos, o layout se repete no próximo par de cordas (começando na quarta batida do primeiro compasso, nesse caso).

2. O primeiro ciclo de três quartas descendentes começa com um curso descendente (batidas de 1-3 do compasso um).

3. Os ciclos subsequentes de três quartas descendentes começam em palhetadas para cima.

Exemplo 6e:

Por uma questão de uniformidade, o exemplo anterior também poderia começar com *para cima, para baixo, para cima,* para trazer a linha com as repetições subsequentes da sequência (veja a batida 4 do compasso um). No entanto, fazer isso nem sempre será uma opção, dependendo dos *licks* que levam a tal sequência, como o Exemplo 6g irá demonstrar.

Yngwie favorece os padrões do braço da guitarra que não requerem ligados com troca de corda ou mudanças de posição difíceis no sequenciamento. Assim fica mais simples, não é mesmo? Para frustrar os inconvenientes da digitação, Yngwie usa quartas descendentes em uma única corda para se localizar e descer em seus padrões preferidos. O Exemplo 6f usa um desses padrões inconvenientes, corrigido no Exemplo 6g com um padrão mais amigável para os dedos, usando as mesmas notas.

Exemplo 6f:

Em vez disso, vamos usar mudanças de posição de corda única para localizar uma forma familiar no Exemplo 6g. As quartas descendentes em corda única nas batidas 1 e 2 do primeiro compasso novamente ditam que o elemento posicional da sequência na batida 3 começa com uma palhetada para baixo.

Exemplo 6g:

Sequências Ascendentes

Algumas das sequências ascendentes mais comumente usadas na execução de Yngwie são as formas 1-2-3-1 e 3-1-2-3, que são permutações das quartas ascendentes ou da sequência 1-2-3-4, conforme os próximos exercícios destacam.

O Exemplo 6h usa a sequência 1-2-3-1, o que significa que cada unidade de quatro notas contém três notas ascendentes, seguidas de um retorno à primeira nota. A sequência então se move para cima até o segundo grau da escala a partir da qual a unidade 1-2-3-1 é reiterada e assim por diante.

A exceção da nota solitária ocorre em sequências ascendentes da mesma forma que em exemplos descendentes, tratada com uma palhetada pra cima e precedida desta vez por um *hammer-on*. Neste exercício, a nota solitária ocorre primeiro na terceira semicolcheia da batida 2, compasso um.

Exemplo 6h:

Uma das melhores recompensas de aprender o aspecto de sequenciamento do sistema de Yngwie é a continuidade da palheta que surge ao aprender derivados de uma idéia já estudada. Os Exemplos 6i e 6j são casos em questão. À primeira vista, o layout 3-1-2-3 do Exemplo 6i pode parecer uma nova sequência. É, de fato, o resultado de deixar de lado as duas primeiras semicolcheias do Exemplo 6h e iniciar o que resta da primeira batida do compasso. Ao remover essas notas enquanto deixamos as palhetadas como estavam, podemos formar uma nova ideia musical a partir de um modelo mecânico existente.

Exemplo 6i:

Em seguida, removendo as *três* primeiras semicolcheias do Exemplo 6h e mantendo intactas as palhetadas aplicáveis, uma sequência de quartas ascendentes é revelada.

Exemplo 6j:

Enquanto a palhetada para cima do início do último exemplo é consistente com a sua permutação dos exemplos anteriores, ser capaz de iniciá-lo em uma palhetada para baixo na hora da improvisação também é uma opção válida para manter na manga. Na sua prática, tente alternar o primeiro compasso do Exemplo 6j com esta parte substituta.

Exemplo 6k:

Combinar sequências ascendentes posicionais e em corda única é uma excelente maneira de construir uma ideia para além dos limites de qualquer uma delas. Seu objetivo em sequências como o Exemplo 6l é criar uma subida contínua à medida que as mudanças de posição de uma corda, na terceira e na primeira corda, são reunidos pelos incrementos posicionais no compasso dois e na primeira metade do compasso três. Este exercício está novamente no tom de E menor, mas adapta-se à tonalidade de C Lídio, construído sobre o grau VI de E menor ou grau IV de G Maior.

Exemplo 6l:

Capítulo 7: Decodificação da Palhetada

Estes exemplos irão testar a sua percepção de como as linhas devem ser executadas usando o estilo de Yng. Inicialmente, os exemplos são apresentados sem as palhetadas ou indicadores de legato. Analise cada frase antes pegar a guitarra para ver se você consegue descodificar a solução de palhetada que combina com os princípios deste livro. Em seguida, teste sua hipótese e conclua, ou reavalie até ficar satisfeito.

Exemplo 7a:

Exemplo 7b:

Exemplo 7c:

Na próxima página, os mesmos exemplos foram decodificados com palhetadas e legatos compatíveis com o estilo de Yngwie, assim como as chaves de decodificação usadas.

Soluções para os Exemplos do Capítulo Sete

Abaixo estão as versões completas dos Exemplos 7a, 7b e 7c. Cada *lick* agora tem palhetadas e legatos indicados, junto da chave de decodificação que corresponde à decisão tomada com cada mudança de corda.

Chaves de decodificação:

EC = Mudança de corda com palhetada econômica (estratégia ascendente)

PU = *Pull-off* depois de um número par de palhetadas alternadas (estratégia descendente)

LN = Palhetada para cima precedida de um *hammer-on* ou *pull-off* (exceção da nota solitária)

Solução de Palhetada do Exemplo 7a:

Solução de Palhetada do Exemplo 7b:

Solução de Palhetada do Exemplo 7c:

Se a sua intuição foi boa, ótimo! Caso contrário, estude as diferenças entre a sua conclusão e as respostas apresentadas. Mais raciocínio dedutivo está por vir nas transcrições da música de Yngwie online e em livros, então não se esqueça de passar algum tempo na mídia escrita de suas músicas, além de estudar este livro.

A Parte Três é uma coleção de linhas autênticas no estilo de Malmsteen que se basearão no conjunto de habilidades que você criou ao longo da Parte Dois.

Parte Três: Estudos Avançados

Está na hora de colocar todos os métodos, sons e conhecimentos que você adquiriu em passagens mais extensas, típicas de um solo de Yngwie. Embora perfeito como material de prática, tal como um violinista pratica sobre temas de Kreutzer ou Paganini, o objetivo principal é que você use essas frases em música real e improvisação.

Cada estudo é discutido em termos relacionados a:

- *Atributos musicais*

- *Pontos de pressão que podem exigir atenção extra na prática*

- *"Subconceitos" mecânicos que aumentam as ideias abordadas nos capítulos anteriores*

Eu agrupei estes estudos de acordo com o tom, mas é essencial para o seu progresso como músico que você transponha as suas ideias favoritas para outros tons.

Capítulo Oito: Estudos em E Menor

Estudo 1 (Exemplo 8a)

O elemento central deste estudo é um padrão menor harmônico, em um dos layouts característicos de Yngwie. Só é usado desta forma na descida. Cada oitava ocorre em duas cordas, uma corda contendo quatro notas e a outra contendo três, exceto por uma mudança de posição na corda E grave para acessar três notas adicionais.

Tocar com esse padrão do agudo ao grave com palhetada alternada resultaria em cada oitava tendo palhetadas opostas em relação à próxima. O estilo de Yng permite uma abordagem consistente ao padrão, que não é lançado fora de curso pela troca de números pares e ímpares de notas por corda.

No Exemplo 8a, a escala é precedida por um motivo melódico que também se repete em oitavas, começando na terceira colcheia do compasso um, batida 3, e terminando na primeira nota da escala descendente no compasso três. O dedo indicador deve iniciar cada iteração de quatro notas do motivo ascendente. Nos compassos três e quatro, conduza cada estágio descendente com o terceiro ou quarto dedo de acordo com a sua preferência de digitação. Yngwie usa este padrão sobre a tríade tônica de um tom menor.

Exemplo 8a:

Estudo 2 (Exemplo 8b)

Ser capaz de recontextualizar suas ideias é uma habilidade importante para se ter, e os próximos dois estudos fornecem exemplos de como fazer isso. Usando a parte de escala descendente do estudo anterior como uma estrutura de digitação, o Exemplo 8b muda sua ênfase tonal para o modo B Frígio dominante de E harmônico menor, resolvendo para uma nota B na última semicolcheia do compasso dois. Uma *cauda* curta nos compassos três e quatro preenche os compassos restantes e realça a característica frígia dominante dos intervalos bII e III.

O ostinato de mudança de posição no compasso um pode ser usado como um exercício em si, até que você o execute com a mesma velocidade do restante do padrão. O dedo indicador cuida das mudanças de posição para baixo das casas 12 a 11 e, para a maioria dos guitarristas, o quarto dedo será o mais confortável para lidar com as mudanças de posição para cima das casas 14 a 15. Concentre-se no tempo e tenha cuidado para não se desviar das semicolcheias palhetadas uniformemente na corda E aguda.

Exemplo 8b:

Estudo 3 (Exemplo 8c)

Assim como um longo trecho de autoestrada tem múltiplas entradas e saídas, os desenhos favoritos de escala de Yngwie formam uma rota com entradas e saídas em vários pontos. Essa utilização permite familiaridade e variedade, maximizando a funcionalidade de um padrão sem se limitar a ele.

Neste estudo Frígio dominante em B, uma sequência 1-3-2-1 na corda E aguda desce a partir da casa 17, chegando à *autoestrada* de E menor original, no compasso dois, onde ocorrem outros dois passos de 1-3-2-1. A linha viaja em linha reta para baixo das cordas B e G, como de costume, antes de se agarrar à nota D# que termina o compasso dois.

Após a sustentação da nota D# no início do compasso três, um desvio da *autoestrada* ocorre na forma de outra sequência 1-3-2-1 na corda G. O quarto compasso tem um retorno ao padrão descendente familiar, concluindo com a nota B na casa 7 da corda E grave.

Desenvolver desvios como estes é uma excelente maneira de conhecer melhor o braço da guitarra, aproveitando ao mesmo tempo os padrões que funcionam bem para você. Esta sequência de notas é bem adequada para um acorde B7 ou um riff em B Frígio Dominante como *Now Your Ships Are Burned*.

Exemplo 8c:

Estudo 4 (Exemplo 8d)

Vamos expandir a cobertura do braço da guitarra com dois novos padrões. Este estudo combina execuções descendentes que não são apenas frases idênticas ao exemplo, mas estão a terças diatônicas de distância, o que significa que qualquer uma delas pode funcionar como uma linha harmônica para a outra.

Pontuadas por *cadências imperfeitas* (acorde I ao acorde V) em E menor, ambas as sequências de notas são baseadas em tercinas de colcheias, exceto por uma batida de quatro semicolcheias que começam a cada descida. Usar as notas de início mais rápido é uma ferramenta de expressão padrão de Yngwie, usada para criar interesse e começar as coisas com impacto. Também característico no seu estilo é o fato de utilizar uma única palhetada para cima seguida de legato nas quatro notas iniciais, uma variação da exceção da nota solitária.

Enquanto a digitação do primeiro padrão descendente é ainda outra integração de quatro e três notas por corda, a sua contraparte no quarto compasso tem quatro notas na corda B e apenas duas notas na corda G. A diferença no layout acontece porque Yngwie sempre fornece o grau VII da menor harmônica a partir da corda B, em vez de tocar a mesma nota na corda G. Além de ser um dedilhado mais fácil de usar desta forma, o caminho de Yng está configurado de tal maneira que você pode tocar qualquer número de notas por corda sem quebrar os sistemas técnicos postos.

Exemplo 8d:

Estudo 5 (Exemplo 8e)

O desenho menor híbrido é um dos poucos padrões que Yngwie usa em circunstâncias ascendentes e descendentes. Os intervalos de semitons consecutivos entre os graus bVII, VII e I criam um som de passagem cromática que atrai a atenção, particularmente no sequenciamento enquanto você se desloca para frente e para trás através destes três graus de escala.

Neste estudo, o primeiro compasso consiste em um lick em loop nas duas primeiras cordas, composto por três unidades de quartas descendentes seguidas de quatro notas ascendentes consecutivas, voltando para a casa 19 da corda E aguda no compasso dois. Os compassos dois, três e quatro consistem inteiramente de quartas descendentes da corda E aguda para a corda A. O compasso um também pode ser repetido quantas vezes você quiser antes de liberar a tensão nos últimos compassos.

Você pode usar este padrão e sequência sobre o acorde V ou I em E menor. Se escolher o último, omita a última nota D# no final do compasso quatro, para criar resolução sobre o acorde E menor, ou troque a ordem das notas D# e E na quinta corda.

Exemplo 8e:

Capítulo Nove: Estudos em A Menor

Estudo 6 (Exemplo 9a)

Ao transpor padrões previamente apresentados para o tom de A menor, este estudo começa com uma ascensão da estrutura menor híbrida usada no Exemplo 8e. Termina com uma descida do padrão menor harmônico do Exemplo 8a e usa uma sequência menor natural de uma corda para conectar os dois. É comum que as linhas de Yngwie combinem os atributos de múltiplas escalas menores em frases estendidas como este exemplo.

A sequência de notas ascendentes no compasso um usa a estratégia arquetípica de palhetada ascendente através das batidas 1, 2 e 3. Na batida 4 do primeiro compasso, uma sequência 3-1-2-3 atravessa as posições de oito a dezessete ao longo da corda E aguda usando notas da escala A menor natural. No terceiro compasso, o *sixes ostinato* de Yngwie ocorre entre as casas 17 e 20 e, novamente, entre as casas 16 e 19. Em conformidade com o sistema de numeração de sequências deste livro, penso no *sixes ostinato* como 3-1-2-3-2-1.

O padrão menor harmônico descendente utilizado desde a quarta batida do compasso três até o final do compasso quatro já deve parecer muito familiar, tendo utilizado a sua versão em E menor nos Estudos 1, 2 e 3.

Exemplo 9a:

Estudo 7 (Exemplo 9b)

Este estudo em E Frígio dominante é um exercício de velocidade da palhetada alternada, possibilitado por números pares de notas por corda, que lhe permitem palhetar cada nota com agressividade. Yngwie é reconhecido por tocar este tipo de sequência de notas na guitarra e no violão com bons resultados. Quando tocada sobre faixas de apoio mais lentas, a sequência de notas criará o efeito de semicolcheias que Yngwie usa para dramatização e contraste.

A nota E aguda tocada com palhetada tremolo na primeira metade do compasso um permite que você coloque a mão da palheta em movimento antes de tocar o padrão descendente de três oitavas que cobre todas as cordas e termina na corda E grave solta. Como no mapa menor harmônico de três oitavas usado em exemplos anteriores, esta forma contém sete notas entre cada par de cordas. Desta vez, no entanto, são três notas na corda mais aguda e quatro notas na mais grave. Para obter consistência, comece a nota E em cada oitava com o mesmo dedo. Yngwie usa o segundo dedo.

Exemplo 9b:

Estudo 8 (Exemplo 9c)

Algo a lembrar ao tocar dentro do sistema deste livro é que o layout de cordas determina quais palhetadas são usadas em vez da localização rítmica das notas dentro dos compassos ou batidas. Alguns exemplos podem criar uma sensação temporária de deslocamento como resultado, mas os benefícios da consistência mecânica logo a substituirão. Este estudo é um exemplo disso.

Como resultado da anacruse (com nove notas) no primeiro compasso, as palhetadas para cima são trazidas na primeira colcheia de cada compasso subsequente, o que pode parecer uma proposição estranha no início. Tendo em conta o fim da anacruse (a nota aguda E da casa 12, no final do compasso um), o que temos é a mesma sequência de palhetada do Exemplo 9b, reconfigurada de semicolcheias para tercinas de colcheias.

A tarefa, portanto, é alinhar o seu cérebro com a forma como a mecânica existente se aplica a diferentes divisões de batida e pontos de partida. A única mudança para a mão da palheta é a mudança de posição da última nota da anacruse para a primeira nota do compasso dois.

Exemplo 9c:

Estudo 9 (Exemplo 9d)

Após os números parcs descendentes nos dois últimos exemplos, este estudo com palhetada alternada usa o *sixes ostinato* em todas as seis cordas. Começa com três ocorrências do ostinato na corda E aguda no compasso um, mas substitui a nota F inicial por um G# na primeira sextina das batidas 2 e 3. Para facilitar a digitação nessa parte da primeira corda, atribua o terceiro dedo à casa 13 da corda E e o quarto dedo à casa 16, em vez de usar o quarto dedo para saltar para frente e para trás três casas de cada vez.

Exemplo 9d:

Estudo 10 (Exemplo 9e)

Este estudo ascendente, que se encaixa perfeitamente em qualquer layout de três NPC, faz bom uso do que eu chamo de *mergulho e loop*. Constituída por unidades de seis notas em pares de cordas e fraseada em semicolcheias, a sequência nos compassos um e dois contém três notas na corda mais grave de cada par, duas notas na corda mais aguda e mais uma nota na corda grave antes de uma nova unidade começar em uma corda mais aguda. O termo *mergulho e loop* refere-se ao padrão de mudança de corda que implica em um *sweep* ascendente, uma palhetada por fora e outro *sweep* ascendente.

Após as primeiras duas semicolcheias no compasso um, a sequência de palhetada é uma repetição de *para baixo, para baixo, para cima* até o final do compasso dois. O compasso três apresenta duas unidades de quartas ascendentes nas batidas 1 e 2, seguidas de dois grupos de quartas descendentes nas batidas 3 e 4. O compasso quatro contém uma frase ascendente simples para encher um pouco a linha.

Dado o intervalo de seis notas de cada unidade que se repete nesta sequência, você também deve experimentar tocar estas notas como tercinas de colcheias, tercinas de semicolcheias ou sextinas.

Exemplo 9e:

Estudo 11 (Exemplo 9f)

Embora não seja sequencialmente uma inversão *exata* do estudo anterior, este exemplo começa com uma sequência nos compassos um e dois que pode servir como um grande companheiro de descida para a linha ascendente que inicia o Exemplo 9e.

Articulado aqui em um desenho de A harmônica menor / E dominante frígio com alcance das casas 10 a 17, esta sequência se estende novamente sobre todas as seis cordas usando uma figura melódica de seis notas em pares de cordas. Cada grupo de seis notas é tocado *para baixo, para cima, pull-off, para baixo, para baixo, para cima*. O deslocamento de posição na terceira batida do compasso dois ignora a sequência pela duração de uma semínima, mas na batida 4 do compasso há outra ocorrência da figura de seis notas sendo transportada para as primeiras duas notas do compasso três.

Por uma questão de variação, os compassos três e quatro completam o estudo com uma série de tercinas de colcheias e um conteúdo melódico simples a partir da corda E grave, de volta para a sequência G. Você pode reconfigurar as semicolcheias dos compassos um e dois em grupos de tercinas para dar variação, então experimente!

Exemplo 9f:

Estudo 12 (Exemplo 9g)

A parte ascendente deste estudo em A menor tem tudo a ver com a aplicação de um dispositivo de mudança de posição lateral que eu chamo de *virada de cinco*. Yngwie conecta vários padrões de três NPC com este dispositivo, deixando cair uma nota, de um padrão de seis notas, cada vez que ele muda de posição. Isso configura o movimento da palhetada para que a mudança de posição possa ocorrer após um movimento ascendente e iniciar a próxima posição em um movimento descendente.

O compasso um deste exemplo começa na escala de A menor natural, na quinta posição. Após o movimento ascendente que ocorre na primeira semicolcheia da batida 2, desloque a mão que digita as cordas de volta para a casa sete da corda E grave com o dedo indicador. Fazer isso é o movimento padrão na *virada de cinco*.

Você pode continuar a subir três notas por corda e aplicar a estratégia de virada cada vez que quiser mudar de posição no mesmo par de cordas. Neste estudo, mais dois deslocamentos de posição são estabelecidos com grupos de cinco nas cordas D e G, e cordas B e E conforme indicado. Uma sequência de quatro notas descendentes completa o estudo nos compassos três e quatro.

Exemplo 9g:

Estudo 13 (Exemplo 9h)

Uma mudança de posição para baixo típica de Yngwie é o que eu chamo de *"dez laterais"*. Ele toca dez notas para cima e para baixo em um par de cordas (geralmente as cordas E e B agudas), mas em vez de retornar à nota do início, um novo conjunto de dez notas começa em uma posição diatônica abaixo. As *dez laterais* podem ocorrer em um *lick* autônomo ou, no caso deste estudo, aparecer após uma parte ascendente.

Ignorando os agrupamentos de notas por um momento, dê uma olhada na corda B e na corda E aguda, no primeiro compasso do Exemplo 9h. Aqui está uma unidade isolada de *dez laterais* que pode ser praticada como um loop para se acostumar com a combinação de *sweep* ascendente, *hammer-on* e *pull-off*, e duas notas palhetadas alternadamente de volta na corda B, que é sequenciada em unidades.

Depois de passar algum tempo fazendo o loop nas primeiras *dez laterais*, prossiga para as restantes. O segundo grupo começa na batida 1 do compasso dois. O terceiro grupo começa a meio caminho do compasso dois, na casa doze da segunda corda, e o último conjunto começa no início do compasso três.

Em seguida, é hora de considerar o uso de quiálteras no fraseado. Muitas das linhas de Yngwie contêm o que pode parecer *notas extras* quando a sua experiência até agora tem sido o uso de divisões convencionais de batidas como colcheias, semicolcheias e tercinas. Em exemplos de frasado como *este* estudo, o foco não está necessariamente na quantidade de notas espremidas em uma batida, mas em iniciar ideias em alvos específicos dentro dos compassos.

O objetivo aqui, portanto, é ter uma série de motivos que começam nas batidas 1 e 3 de cada compasso e aplicar a aceleração necessária para chegar à próxima ideia sobre a batida alvo. Assim, as nove semicolcheias ascendentes no início do primeiro compasso cabem no espaço das batidas 1 e 2, as primeiras *dez laterais* (com algumas notas rápidas em legato) serão tocadas nas batidas 3 e 4, e assim por diante.

Da batida 3 do terceiro compasso, o fraseado diminui para semicolcheias regulares à medida que a linha desce e muda de posição para a nota A na casa 5 da corda E grave no compasso quatro. Pode levar um pouco de tempo para se acostumar com o *empurra e puxa* deste estudo, mas se for tomado cuidado para começar cada ideia em sua batida alvo, você pode se acostumar com ela. Toque cada parte em qualquer velocidade necessária para chegar na próxima na hora certa.

Exemplo 9h:

Capítulo 10: Estudos em B Menor

Estudo 14 (Exemplo 10a)

As quatro notas ascendentes podem parecer fixas em seu repertório de palhetada nesse momento, que será colocado em uso no padrão em B menor híbrido nos compassos um, dois e nas primeiras três batidas do compasso três. Isso leva ao ponto de discussão deste estudo.

O lick pedal point que se estende da batida 4 do compasso três até o final do compasso quatro é um ponto de foco neste exemplo. Palhetadas individuais vão para trás e para a frente entre a corda E aguda e a corda B sem o *hammer-on* preemptivo ou o *pull-off* que você viu nas sequências de quartas ascendentes e descendentes. Como na casa 15, o tom pedal da corda E aguda permanece, e as notas alternadas viajam para baixo na escala B harmônica menor. Palhetadas consecutivas por fora são necessárias quando as notas mais graves se movem para baixo para a corda B no compasso quatro.

O movimento de palhetada de Yngwie para pedal point em múltiplas cordas sempre incorpora sutilmente a abordagem de palhetada cruzada discutida em conexão com a estratégia da nota solitária, ou a descrição mais mecanicamente precisa: extensão e flexão do pulso. A palhetada cruzada foi abordada no Capítulo Seis, mas para situações que exigem que você palhete cada nota (como este exemplo), há apenas metade do tempo para mover a palheta para qualquer lado do par de cordas sem nenhuma nota preparatória com legato.

Para construir a sua palhetada cruzada, pegue as quatro notas que ocorrem na batida 2 do quarto compasso e crie um exercício repetitivo a partir delas. Mais tarde, combinado com o resto do Exemplo 10a, seu objetivo é poder palhetar o elemento pedal point sem qualquer impedimento no fluxo ou no tempo que você estabelecer nos três primeiros compassos.

Exemplo 10a

98

Estudo 15 (Exemplo 10b)

Semelhante à forma como a *virada de cinco* foi usada para mudar de posição após um número par (em um contexto, em geral, com um número ímpar de notas por corda), o *slide de sete* adiciona uma nota a um grupo de seis notas ascendentes através de um slide no final da corda mais aguda de um par.

Neste estudo, um padrão ascendente em B menor natural, no compasso um, tem um slide de extensão na corda E aguda da casa 12 à casa 14, indo para a batida 4. Esta nota F# da casa 14, embora seja uma parte do *slide de sete* que começou na batida 3, também é agora a nota mais aguda em um novo conjunto de seis, começando na corda B, casa dez. Entrando no compasso dois do exemplo, o slide para a casa 15 da corda E é outra ocorrência do *slide de sete*, então cada vez que um slide ocorre, a nota deslizante torna-se a sexta de um novo grupo, conforme as posições viajam pelo par de cordas.

Quanto à notação, eu interpretei novamente a tendência de Yngwie de apressar as últimas quatro notas do compasso um para permitir que a nova posição comece no compasso dois. Esta corrida acontece em cada instância do *slide de sete* de modo que não é necessário mais tempo para tocar sete notas ascendentes, em relação a seis notas. Você também pode experimentar tocar cada nota com a mesma duração que a seguinte, tendo em mente que, como resultado, você atrasa a sequência em uma semicolcheia para cada ocorrência do *slide de sete*.

Exemplo 10b:

Estudo 16 (Exemplo 10c)

O *slide de sete* pode ocorrer em outros pares de cordas também, apesar de Yngwie preferir as cordas B e E aguda. Este exemplo de escala menor natural vagueia pelas cordas A e D, começando na nota mais alta em um padrão de seis cordas, com slides ocorrendo na corda D até que o dedo indicador chegue à sétima casa da corda A. O padrão em B menor do Exemplo 10b é usado para ir da quinta corda para a primeira corda, com uma pequena sequência em legato ocorrendo na segunda batida do compasso dois antes de retornar à corda B para terminar o *lick*.

Com todos os exemplos que envolvem tempos com sonoridade apressada, tenha em mente que essas explosões de velocidade não precisam ser tão rígidas e precisas quanto as notadas. Uma das coisas que fazem com que Yngwie se destaque como um guitarrista criativo e intuitivo é o seu talento para soar um pouco solto mesmo quando executa mecânicas altamente técnicas. Um bom *feeling* do tempo é tão crucial no rock quanto no jazz, então encontre seu groove enquanto desenvolve este material.

Exemplo 10c

Estudo 17 (Exemplo 10d)

O Switchblade é um nome que eu dei a uma mudança de posição descendente que eu notei pela primeira vez no show de Yngwie *Live In Leningrad* na faixa *Crystal Ball*, em 1989. A razão para o nome era por causa da rapidez com que as notas da corda E aguda foram executadas no que seria originalmente uma sequência de quatro notas descendentes em uma corda só na corda B. Este padrão ocorre nos compassos um e dois do Exemplo 10d.

Realocar o primeiro de cada grupo de quatro notas para uma corda mais aguda tem um apelo de intervalo, mas também requer uma palhetada para cima na corda mais aguda, e *para baixo, para cima, para baixo*, na corda mais grave de um par – uma reversão do que ocorreria em quartas descendentes em uma corda apenas. A palhetada cruzada facilita as transições da corda B de volta para a corda E aguda.

Testemunhei Yngwie tocando este tipo de padrão com algumas abordagens diferentes ao longo dos anos, mas o padrão da notação é o mais tecnicamente consistente com o seu estilo de palhetada. Em situações onde uma sonoridade com mais legato é desejada, a palhetada ascendente na corda E e a palhetada descendente na corda B podem ser executadas. Um *pull-off* e um slide com legato podem iniciar as duas notas restantes de cada grupo de quatro.

Exemplo 10d

101

Estudo 18 (Exemplo 10e)

Para a última peça de estudo, vamos levar a versão da palhetada cruzada de Yngwie ao extremo com um *lick* que a coloca entre duas ideias de palhetada econômica usando B harmônica menor. Uma das coisas mais comuns que me perguntam é como Yngwie aborda sequências quando seu sistema padrão não se encaixa. *Riffs* como *I Am A Viking* e *Anguish and Fear* levantam questões porque desafiam o que pensamos que podemos ou não fazer dentro do sistema de Yngwie.

Licks pedal point em duas cordas já nos mostraram que tocar a corda mais aguda em uma palhetada para cima e a corda mais grave em uma palhetada para baixo é a coisa mais característica de *Yngwie* para fazer nessa situação, então com a porção descendente de terças do Exemplo 10e, é uma questão de aplicar essa solução em uma escala de maior tamanho.

Olhe para a terceira semicolcheia da batida 2, compasso 1. Aqui, a nota A# na casa 18 da corda E leva ao F# na casa 19 da corda B, usando palhetadas *para cima, para baixo* como na abordagem pedal point. O mesmo se aplica às duas notas seguintes. O resto da sequência descendente intercala ímpares e pares à medida que quatro notas por corda são tocadas *para baixo, para cima, para baixo, para cima*, e notas únicas ocorrem com palhetadas alternadas por fora. Isso é palhetada alternada, mas ao conduzir com palhetada para cima, evitam-se os caminhos com palhetada por dentro e, portanto, há uma maior consistência com o estilo de Yng. Passe algum tempo nessa parte do estudo.

Conduzindo pela sequência de terças está um arpejo ascendente de B menor (VII maior) na batida 1 do primeiro compasso, executado com um sweep e uma palhetada para cima. As notas B e G que começam a batida 2 são, melodicamente falando, o início das sequências de terças para baixo, mas são executadas com uma palhetada para baixo e um *pull-off* para configurar a palhetada para cima da nota solitária na casa dezoito da corda E.

No compasso dois, um padrão em B menor harmônico com palhetada econômica começa na segunda semicolcheia da batida 4, que continua até o compasso três. Neste ponto, você pode comemorar a sua maestria no *The Yng Way*.

Exemplo 10e:

Conclusão

Nos meus estudos sobre este fantástico instrumento, foram sempre os conceitos, motivações e sistemas por trás das coisas que fizeram com que eu pegasse a guitarra todos os dias; encontrar a ideia por trás das ideias. Assim também, através de seus estudos deste livro e no futuro, eu espero que você aprecie os processos de compreensão, trabalho e aplicação de seu material tanto na música de Yngwie quanto na sua própria música.

A partir destas páginas, você trabalhou através de uma complexa combinação de estratégias, que aborda não apenas a genialidade da abordagem única de Yngwie Malmsteen para a guitarra, mas também desenvolveu a sua busca de conhecimento e maestria. Então, parabéns por chegar tão longe!

Este livro é do tipo que eu espero que você precise reler, retroceder e cruzar referências várias vezes, então eu encorajo você a fazer isso. Não se sinta pressionado demais para absorver tudo na primeira leitura. Eu também peço que você use este livro como um companheiro para as músicas e solos que você estudar ou transcrever de Yngwie. Mantenha-o por perto e consulte-o sempre que a sua intuição não fornecer imediatamente uma solução.

Alguns críticos acusam Yngwie de ser um guitarrista repetitivo. Sempre disse que, em vez de ter cem truques na manga, Yngwie é um guitarrista que sabe usar cinco habilidades de vinte maneiras diferentes cada uma. Conforme os conceitos deste livro se manifestarem nos seus estudos do repertório de Malmsteen, eles serão reforçados através da própria repetição que os críticos usariam para desacreditar o seu estilo.

Na prática, divida sua rotina em porções, assim como os capítulos do livro. Você provavelmente não terá tempo para trabalhar em cada *lick* todos os dias, mas tente abordar os aspectos que você quer melhorar com uma seleção de exemplos que se concentram em habilidades relevantes.

Divirta-se, e busque seus objetivos com foco. Esse é o The Yng Way!

Chris

Glossário de Termos

Princípio ativo
Um aspecto fundamental de como o movimento será realizado

Palhetada alternada
Palhetada que usa consistentemente sentidos opostos de palhetada, para baixo e para cima

Ancoragem
Colocação da mão da palheta na ponte da guitarra

Anguish and Fear
Faixa 7 do álbum de Yngwie Malmsteen, *Marching Out*

Deslocamento anti-horário
Rodar a palheta no sentido anti-horário a partir da posição neutra

Arpejo
As notas de um acorde, soando individualmente em ritmo ou melodia

Quatro notas ascendentes
Uma sequência de escala que se move para cima em tons usando quatro notas de escala consecutivas de cada vez, por exemplo, A B C D, B C D E, C D E F etc.

Mecânica auxiliar
Movimentos que ocorrem por causa de ou como um suplemento para a função primária

Biomecânica
As leis relativas ao estudo do movimento e da estrutura

Caprices, 24
Uma coleção de composições do violinista da era romântica Niccolo Paganini

Deslocamento no sentido horário
Rodar a palheta no sentido horário a partir da posição neutra

Palhetada cruzada
Um estilo de palhetada alternada que usa flexão e extensão do pulso para reposicionar a palheta de corda para corda

Crotchet
Uma semínima. Nota com a duração de uma batida em um compasso de 4/4

Demisemi quaver
Uma fusa. Nota com a duração de um oitavo de uma batida em um compasso de 4/4

Quatro notas descendentes
Uma sequência de escala que se move para baixo em tons usando quatro notas de escala consecutivas de cada vez, por exemplo, A G F E, G F E D, F E D C, etc.

Pegada em D
Segurar a palheta na forma de uma letra D maiúscula com o polegar e o dedo

Diatônica
Pertencente a ou derivada de uma tonalidade

Diminuto de sétima
Um arpejo constituído pelos graus I, bIII, bV, bbVII

Inclinação da palheta para baixo
Inclinar a extremidade traseira da palheta para baixo para que os movimentos descendentes empurrem para dentro em direção ao corpo da guitarra

OPD
Orientação de palhetada descendente

Palhetada econômica
Movimento direcional que resulta em uma corda começando com uma continuação da palhetada que completou a corda anterior

Fireball
Um álbum da banda Deep Purple

Virada de cinco
Um padrão de duas cordas composto por três notas em uma corda e duas notas em uma corda mais aguda, usado para lançar a mão que digita as notas para outra posição.

Rotação do antebraço
Movimento da mão que palheta as cordas que se origina do movimento para dentro e para fora dos músculos de antebraço, em vez da articulação do pulso ou do cotovelo.

Escala Menor Harmônica
Uma escala constituída pelos graus I, II, bIII, IV, V, bVI, VII ou menor natural com um grau VII maior

Eixo horizontal
Em linha com as cordas da guitarra

Escala Menor Híbrida
Uma escala menor sintética que inclua os graus bVII e VII consecutivamente

Palhetada híbrida
Utilizar a palheta e os dedos da mão da palheta para tocar as notas

I am A Viking
Faixa 5 do álbum de Yngwie Malmsteen, *Marching Out*

Cadência imperfeita
Tensão harmônica criada pela conclusão de uma passagem com um acorde I movendo-se para um acorde V em uma tonalidade maior ou menor

Palhetada por dentro
Um caminho ao longo do qual a palheta viaja diretamente entre as cordas com a distância mais curta

Dez laterais
Unidades melódicas de dez notas movidas lateralmente em um par de cordas

Legato
Ligados entre si, suave, constituído por *hammer-ons* e *pull-offs*

Exceção da nota solitária
A maneira de lidar com uma única nota em uma corda quando outras estratégias não se aplicam

Escala Menor Natural
Uma escala constituída pelos graus I, II, bIII, IV, V, bVI, bVII

Newtoniano
Relativo às descobertas de Isaac Newton

Now Your Ships Are Burned
Faixa 3 do álbum de Yngwie Malmsteen, *Rising Force*

NPC
Uma abreviatura de Notas Por Corda

Ostinato
Uma frase ou ritmo continuamente repetido

Palhetada por fora
Um caminho ao longo do qual a palheta percorre a maior distância em torno das cordas

Abafamento
Usar a mão da palheta para abafar ou silenciar o som das cordas

Palhetada paralela
Palhetadas para baixo e para cima que se movem paralelamente ao corpo da guitarra

Pedal point
Um dispositivo melódico no qual uma nota é repetida enquanto outras notas alternadamente prosseguem sem referência a ela

Cadência Perfeita
Resolução harmônica criada por um acorde V movendo-se para um acorde I em uma tonalidade maior ou menor

Dominante Frígio
Um modo criado a partir das notas da menor harmônica, arranjadas a partir do grau V e usadas sobre o acorde V

Pegada da palheta
Relativo a como a mão e os dedos posicionam a palheta da guitarra para tocar

Orientação da palheta
A tendência de favorecer um tipo de inclinação de palheta em detrimento de outra

Deslocamento da borda da palheta
A posição de ter uma borda da palheta posicionada para entrar em contato primeiro com a corda

Palhetada com legato
Combinar palhetada e ligados em uma única frase

Caminho de palhetada
A rota criada pelo movimento da palheta

Inclinação da palheta
Inclinar a palheta para a frente ou para trás ao longo do eixo vertical em vez de num ângulo de 90 graus em relação ao corpo da guitarra

Escala posicional
Um padrão de escala que não requer o uso de slides para mais de uma posição

Pronação
Rotação para dentro do antebraço de modo que a superfície da mão fique voltada para baixo

Colcheia
Uma nota com duração de 1/8, ou meia batida, num compasso de 4/4

Escala menor relativa
A escala menor natural quando referida na sua formação a partir do grau VI de uma escala maior

Palhetada de descanso
Quando a palheta repousa em uma corda antes de executar a próxima nota

Princípio descansado
Um aspecto fundamental da preparação para o movimento de uma forma ótima

Semiquaver
Uma semicolcheia. Nota com a duração de um quarto de batida num compasso de 4/4

Slide de sete
Um padrão de duas cordas composto por três notas em uma corda e quatro notas em uma corda mais aguda que inclui uma mudança de posição

Legato, ligado
Hammer-ons, pull-offs e legato com slides

Supinação, ativa
Rotação do antebraço de modo que a superfície da mão fique voltada para fora

Supinação, descansada
Um ponto de repouso que tende a favor da supinação antes do movimento ter ocorrido

Viés de supinação
Orientação de palhetada descendente

Tapping
Uma técnica de duas mãos que usa *hammer-ons* e *pull-offs* dos dedos da mão da palheta no braço da guitarra

Sequência Tonal
Um dispositivo melódico no qual um motivo é repetido num tom mais alto ou mais baixo e as repetições subsequentes são transposições diatônicas da ideia original.

Palhetada com tremolo
Palhetar a mesma nota repetidamente em alta velocidade

Tercina
Três notas tocadas no espaço em que duas ocupariam tipicamente, por exemplo, uma tercina de colcheias tocada dentro da duração de duas colcheias

OPA
Orientação de palhetada ascendente

Inclinação da palheta para cima
Inclinar a extremidade traseira da palheta para cima para que os movimentos descendentes se afastem do corpo da guitarra

Eixo vertical
Perpendicular às cordas da guitarra; paralelo ao corpo da guitarra

Desvio do pulso, radial
Movimento lateral na articulação do pulso em direção ao rádio

Desvio do pulso, ulnar
Movimento lateral na articulação do pulso em direção à ulna

Extensão do pulso
Dobrar o pulso para fora a partir da posição neutra

Flexão do pulso
Dobrar a articulação do pulso para dentro a partir da posição neutra

The Yng Way
Tocar dentro dos princípios contidos no estilo de Yngwie

Sobre o Autor

Chris Brooks é um guitarrista, educador e músico de estúdio que vive em Sydney, Austrália. Ele sempre teve muito interesse na guitarra virtuosa dos anos 1980.

Ex-aluno do Instituto Australiano de Música, Brooks demonstrou interesse pela guitarra, observando os estilos de Kee Marcello, Brett Garsed, Vinnie Moore, Steve Vai e Yngwie Malmsteen. As sessões de prática obrigatórias de oito horas foram alimentadas pelo material de aula dos vídeos *Hot Licks* e *REH* enquanto Brooks seguia a trajetória de fazer sua própria música na guitarra e conteúdo educacional.

Lançando dois álbuns solo, *The Master Plan* de 2002 e *The Axis of All Things* de 2011, Chris foi aclamado pela mídia impressa e online em todo o mundo, incluindo no Japão, onde o Master Plan foi incluído na revista *Young Guitar*, *500 Essential Guitar Albums*. Na Austrália, a revista *Australian Guitar* colocou-o em primeiro lugar em um ranking de guitarristas *underground*.

Brooks também gravou com o ex-vocalista de *Yngwie Malmsteen, Mark Boals*, com a banda australiana de metal melódico *LORD*, fez turnê com a banda *Feeding the Addiction*, e apareceu em álbuns de compilação para selos como Frontiers (Europa), Marquee Inc. (Japão) e Liquid Note Records (Reino Unido).

Como fundador da **guitarlickstore.com**, Brooks criou cursos de guitarra populares incluindo *Sweep Picking Systems for Arpeggios*, *Picking Systems for Pentatonic*, e o seu mais popular até hoje - *The Yng Way*, no qual este livro foi baseado. Com quase duas horas de vídeo, faixas de apoio, tablaturas em PDF e partituras, *The Yng Way* já vendeu mais de 500 unidades e tem sido apontado por muitos como uma fonte importante na técnica de Yngwie Malmsteen.

Com um olho aguçado para os detalhes do que faz as coisas funcionarem na guitarra, Brooks está trabalhando para um grande corpo de recursos educacionais e de produção musical.

Outros Livros da Fundamental Changes

100 Licks Clássicos de Rock Para Guitarra

Além da Guitarra Rítmica – Licks & Riffs

Técnica Completa de Guitarra Moderna

Solando Com Pentatônicas Exóticas

Primeiras Progressões de Acordes Para Guitarra

Dominando a Guitarra Funk

Acordes de Guitarra Contextualizados

Fluência no Braço da Guitarra

Escalas de Guitarra Contextualizadas

Guitarra Solo Heavy Metal

Guitarra Base Heavy Metal

Guitarra Metal Progressivo

Guitarra Rock CAGED

Guitarra Base no Rock

O Ciclo das Quintas Para Guitarristas

Método Completo de Violão DADGAD

O Guia Completo para Tocar Blues na Guitarra: Livro Um – Guitarra Base

O Guia Completo para Tocar Blues na Guitarra: Livro Três – Além das Pentatônicas

O Guia Completo para Tocar Blues na Guitarra – Compilação

Primeiros 100 Acordes Para Guitarra e Violão

Guia Prático De Teoria Musical Moderna Para Guitarristas

Guitarra Neoclássica: Estratégias e Velocidade